# 困難な成熟

内田樹

夜間飛行

# まえがき

みなさん、こんにちは。内田樹です。

『困難な成熟』をお買い上げありがとうございます。まだお買い上げ前の、書店で立ち読みしている方にも、お手に取っていただきましたことにお礼申し上げます。

どなたさまも、とりあえず今お読みの「まえがき」は飛ばして結構ですから、第一章の最初の「責任を取ることなど誰にもできない」だけ読んでいってください。それを読んでも別に買う気になれなかったという方とは、今回は「ご縁がなかった」ということで僕も納得することにします。

タイトルは「困難な成熟」としました。我が師エマニュエル・レヴィナス先生の『困難な自由』から拝借しました。全体を貫く主題は「いかにして市民的成熟を達成するのか」というただひとつの問いに集約されるように思ったからです。

フランス語で「困難な自由」はDifficile Libertéと表記します。ふつうフランス語では名詞が先に来て、形容詞は後に来ます（英語とは語順が違います）。でも、「困難な自由」ではそれが逆になっている。なぜでしょうか。

フランス語でも形容詞が名詞の前に来ることがあります。それは「名詞のうちにすでに本性として含まれる性質を表わす形容詞」です。例えば、「悲しい冬（triste hiver）」や「広い海（vaste mer）」「白い雪（blanche neige）」といった語がそれです。これらは形容詞をあえて前に置くことによって「冬というのは本質的に悲しいものだ」「海というのは広いものだ」「雪というのは白いものだ」という判断を示しているわけです。「楽しい冬」とか「狭い海」とか「黒い雪」というようなものを私は認めない、この名詞はこれ以外の形容詞を受け付けてはならないのだ、と。

レヴィナス先生が「困難な自由」をliberté difficileではなくあえてdifficile libertéという「不自然な語順」に置いたのは、「世の中に『簡単な自由』などというものは存在しない」というメッセージをそこにこめるためだったと僕は思っています。自由を手に入れようと思ったら、それなりの覚悟が要るよ、と。

僕が「困難な成熟」というタイトルを採ったのも同じ理由からです。成熟とは困難なものです。それは成熟というのは外形的な指標によって考量することのできないものだからです。

「オレは先月より3ポイント成熟したよ」というような言明が「変だ」ということは誰にでもわかります。でも、どうして「変なの？」と訊かれると、とっさには返事ができない。どうしてなんでしょう。

それは、成熟というプロセスは「それまでそんなふうに見たことのない仕方でものごとを見るようになった」「それまで、そんなものがこの世に存在するとは知らなかったものを認識した」というかたちをとるからです。武道の場合、術技の上達というのは「自分の身体にそんな部位があると知らなかった部位を意識できるようになり、操作できるようになっていることに気づく」とか「自分がそんなことを感知できると思ったこともなかったシグナルを受信していることに気づく」というかたちをとります。例えば僕が門人たちに「下丹田に気を集めてください」と言っても、初心者はそもそも「下丹田てどこ？」「気って何？」というレベルですから、何をどう操作するのか、見当もつきません。ですから、初心者はそういう技術の習得を「達成目標」に掲げるということ自体ができない。数値的に掲げられる目標であれば、現在の自分の技量や能力と目標との差を数値的に表示することは可能です（胸囲をあと10センチ増やすとか、100メートルをあと1秒速く走るとか）。でも、上達というのは「上達する前には、上達したあとに何が起きているのか想像もできないし、記述する言語もない」というかたちでしか与えられません。稽古を重ねているうちに「まさか自分にそんなことができると思ってもみなかったこと」をしている自分を発見する。そういうものです。

人間的成熟も武道的上達と同じような力動的なプロセスをたどります。どこか静止的な視点から眺めた「折れ線グラフ」のようなもので表象することができない。「先月より3ポイント成熟した」という言明がありえないのは、成熟もまた「昨日まで使っていた装置では検知もできないし、計量もできないものが身についた」というかたちをとるからです。その増減をはかることができない。「僕はどれだけ成熟したのか」を自己点検することができない。だって、どれだけ成熟したかを自己点検できるということは、成熟するとは何であるかを成熟するに先立ってすでに知っているということになるからです。

本文中でも書いていますけれど、「大人になる」というのは、ある日気がついたら、いろいろな人から身の振り方について相談されている、いろいろな人から助言や支援を求められている、いろいろな人から「あなたが頼りです」とすがりつかれている……というようなことになっていて、「どうやら自分は世間からは『大人』として遇されてるようである」と気づく。そういう回顧的・事後的発見というプロセスをたどるものです。

ですから、成熟すべく効率的に無駄なく努力するということができない。「このプログラムにしたがえばあなたも3週間ですっかり成熟」というようなショートカットは存在しません。子として友人として配偶者として親として、それぞれの立場において、愛したり愛されたり、傷つけたり傷つけられたり、助けたり助けられたり……というごくごく当たり前の人生を一日一日淡々と送っている間にいつのまにか身についた経験知・実践知の厚みや深みを、僕たちは「成熟」という言葉で指し示している。時間がかかるし、それだけの身銭を切らないと身につかない。そもそも「早く成熟する」ことに価値があるわけじゃない。平和で豊かな社会に生まれた子どもよりも、戦乱や飢饉の修羅場の中で育った子どものほうがあるいは早く成熟するかもしれませんが、そんなことを羨ましがる人はどこにもいません。

ある日気がついたら、前より少し大人になっていた。

そういう経験を積み重ねて、薄皮を一枚ずつ剥いでゆくように人は成熟してゆく。ロードマップもないし、ガイドラインもないし、マニュアルもない。そういうこみいった事情を僕は「困難」という形容詞に託したつもりです。

この本がこれから大人になってゆく少年少女青年たちにとって少しでも役に立ってくれるとうれしいです。

困難な成熟　目次

## 第2章　働くということ



## 第3章　与えるということ

## 第4章　伝えるということ



## 第5章　この国で生きるということ




装丁
AD 渡邊民人(TYPEFACE)
D　森田祥子(TYPEFACE)

本文デザイン+DTP
森田祥子(TYPEFACE)

本文挿画
神田ゆみこ

第1章

# 社会の中で生きるということ

12
1
2
3
4
5
6
7
8
9
10
11

# 責任を取ることなど誰にもできない

**「責任を取る」とはどういうことでしょうか。ニュースを眺めていると、テレビでもネットでも、不祥事を起こした企業や個人に対する「責任を取れ」という言葉が溢れています。しかし、人の死にかかわることや、原発事故など、個人のレベルをはるかに超えた問題について、人はどう責任を取ればいいのでしょうか。**

「責任を取る」とはどういうことか。これは僕にとってはストライクゾーンど真ん中の質問です。というのも、「責任論」というのは、僕の師匠であるところのエマニュエル・レヴィナス先生の哲学の最大の主題であったからであります。ということはつまり、僕はレヴィナス先生に「弟子入り」宣言をなした1987年から四半世紀にわたり「責任」について考え続けてきたということになります。

ですから、問いに対する僕の答えはシンプルです。でも、その理由を語るためにはいささか長い紙数が必要になります。

問いはこうでした。「責任を取るということは可能でしょうか?」

答え、「不可能です」

以上。おしまい。

シンプルですよね。でも、どうして責任を取るということが不可能なのか、その理路を語るためには、ずいぶん長いお話に付き合ってもらわなければなりません。そのご用意はよろしいかな。トイレに行きたい人は今のうちに、コーヒーなんか飲みながらのほうがいいなと思う人は今のうちにお支度をどうぞ。

さて、用意はよろしいですか。では、話を始めます。

## 「ごめん」で済む話はない

人を傷つけたり、人が大切にしているものを損なったりした場合、それを「復元する」ということは原理的に不可能です。

仮にすばらしく医学が発達していて、多少の怪我なら死者でも蘇生させることができる世界があったとします。そこで、誰かがあなたを殺しました。それもけっこうえげつないやり方で。斧《おの》で首を切り落とすとか、チェーンソーで胴体まっぷたつとか。でも、すぐに病院に運び込んだら、失血死した死者を医師たちがさくさくと縫《ぬ》い合わせて、傷跡をきれいにして、どんと心臓に電気ショックを送ったら、あなたは無事に蘇生しました。病院に運んだりする手間はぜんぶ殺人者が整えてくれました。もちろん、医療に要した費用も彼が払いました。

さて、この場合、「いったん殺したけれど、きれいに元通りにしたから、これでチャラね」と殺人者が言ったとして、あなたはそれを許せますか？

もし、責任を取るというのが、「損なわれたものを原状に復す」ということを意味するなら、この殺人者はたしかに責任を取ったことになる。

でも、「冗談じゃない」とみなさんは思うでしょう？

斧で首を切られて殺されたときの不快感と絶望感は、傷跡が生理学的にどれほどきれいに縫い合わされたからと言って、それで消えるものじゃない。その経験は、人間の深いところにある何かピュアで無垢なものを、取り返しのつかないしかたで壊してしまった。そこで失われたものはどんな手立てを尽くしてももう復元できません。

別にそこまで極端な例を挙げなくても、ふだんの生活でも、復元というのは不可能だということはわかりますね。

あなたが配偶者とか恋人に向かって、「あなたのその性根の卑《いや》しいところが私は我慢できないの」とか、「おまえさ、飯食うときに育ちの悪さが出っからよ、人前でいっしょに飯食うのやなんだよ、オレ」とか、そういうめちゃくちゃひどいことを言ったとします。でも、言ったあとに「これはあまりにひどいことを申し上げた」と深く反省して、「さっきのなしね。ごめんね。つい、心にもないことを言ってしまって……」と言い訳しても、もう遅いですよね。もう、おしまいです。復元不能。

世の中には、「ごめん」で済む話もあれば、「ごめん」で済まない話もある。そして、たいていの話は（満員電車の中で足を踏んじゃったとかいう、ほんとうにささいな事例以外は）「ごめんじゃ済まない」話なんです。足を踏まれたくらいでさえ、「てめ、このやろう」と逆上して、刺しちゃう奴とかいるくらいですから。

「ごめんで済む話」はこの世にない、と。そう思っていたほうが無難だと思います。

## 「眼には眼を、歯には歯を」に込められた知恵

「ごめん」で済む話はない。どのような損害であれ、それを原状に復元して、「なかったこと」にすることはできない。そういうことです。ですから、「もう起きてしまったこと」について「責任を取る」ということはできません。原理的にできないのです。もう起きちゃったんだから。

だから、人が不始末を犯したときに、「おい、どうすんだよ。責任取れよ」と凄《すご》んでい

る人がいますけれど、あれは「私がこうむった損害について、あなたが原状回復をなすならば、すべては『なかったこと』にしてあげよう」と言っているわけじゃないんです。「どうすんだよ、おまえ、こんなことしやがって。どうやって責任取るんだよ。でも、おまえがどのようなかたちで責任を取ったつもりになろうしても、オレは『それでは責任を取ったことにはならない』と言うからね」と言っているんです。

だからこそ、「眼には眼を、歯には歯を」という古代の法典が作られたのです。

これは「同罪刑法」と呼ばれるルールですが、別にこれは未開人が考え出した残虐な法律というわけではありません。逆です。

どこかで無限責任を停止させなければならないので、法律で「これ以上は責任を遡及してはならない」という限度を定めたのです。

人に眼を抉《えぐ》られた人間には、相手の眼を抉る権利があるということを言っているのではありません。逆です。「人に眼を抉られた人間は、相手の目を抉る以上の報復をなしてはならない」と、復讐《ふくしゅう》の権利の行使を抑制しているのです。

実際には、眼を抉られた人の視力は、加害者の眼を抉ったことで回復するわけではありません。目は見えないままだし、痛みは消えないし、容貌だってずいぶん損なわれてしまった。でも、そういう損害は、相手の目を抉っても、何ひとつ回復されない。

だから、「責任を取る」とは「原状に回復すること」であるというルールに基づけば、「眼には眼を」というのは、全然「原状回復」じゃない。だから、責任を取ったことにはならないのです。

同罪刑法が教えているのは、どのようなことであれ、一度起きてしまったことを原状に復することはできないということです。人間は自分がひとたび犯した罪について、これを十分に償うということが決してできない。

同罪刑法は「責任を取ることの不可能性」を教えているのです。人間が人間に加えた傷は、どのような対抗的暴力を以ても、どのような賠償の財貨を以ても、癒《い》やすことができない。「その傷跡からは永遠に血が流れ続ける」とレヴィナス先生は『困難な自由』に書いています。

## 私はおまえたちを絶対に許さない

まことに逆説的なことですが、私たちが「責任」という言葉を口にするのは、「責任を取る」ことを求められるような事態に決して陥ってはならないという予防的な文脈においてだということです。それ以外に「責任」という言葉の生産的な使用法はありません。

さっき言ったように「責任取れよな」という言葉は、「おまえには永遠に責任を取ることができない」という呪いの言葉です。「これこれの償《つぐな》いをなしたら許されるであろう」と言っているわけではありません。

学校でいじめにあった子どもが自殺したときに、親がいじめた子どもの両親と学校長と担任を相手取って、「1億円の損害賠償請求」をしたというような記事を読むことがあります。これだって「1億円払ったら許してやる」と言っているわけではありません。この賠償額の設定基準は「相手の一生を台無しにできるくらいの金額」ということです。つまり、賠償請求をすることを通じて、「私はおまえたちを絶対に許さない」という賠償の不可能性を告げているのです。

「責任を取れ」というセンテンスは、「なぜなら、おまえには責任を取ることができないからだ」という口にされないセンテンスを常に伴っているのです。

ですから、「どうやって責任を取るのか」というのは問いのありようとして、すでに間違っているのです。

責任は取れないんですから。誰にも。

私たちが責任について思考できることは、ひとつだけです。

どうすれば「責任を取る」ことを求められるような立場に立たないか、ということ、それだけです。

勘違いしてもらっては困りますが、それは何についても「私は知らない。私は関与していない。私には責任がない」という言い訳を用意して、逃げ出すということではありません。まるで、逆です。

だって、その人は「私には責任がない」と言い張っているわけですからね。いかなる不祥事《ふしょうじ》が起きようと、他人が傷つこうと、貴重な富が失われようと、システムが瓦解《がかい》しようと、「私には責任がない」と言って逃げ出すんです。そんなことを金切り声で言い立てる人間ばかりだったら、世の中、どうなりますか。「私には責任がない」と言う権利を留保している人間だけで構成された社会を想像してください。そりゃすごいですよ。電気は消える。水道は止まる。電車は来ない。銀行のＡＴＭは動かない。電話は通じない。その他もろもろ。

きちんと機能している社会、安全で、そこそこ豊かで、みんながルールをだいたい守っている社会に住みながら、かつ「責任を取ることを人から求められないで済む」生き方をしようと思ったら、やることはひとつしかありません。

それは「オレが責任を持つよ」という言葉を言うことです。

## 逆説的な結論

考えればすぐにわかります。構成員全員が「オレには責任ないからね」と言い募《つの》り、不祥事の責任を誰か他人に押しつけようと汲々《きゅうきゅう》としている社会と、構成員全員が自分の手の届く範囲のことについては、「あ、それはオレが責任を持つよ」とさらっと言ってくれる社会で、どちらが「誰かが責任を取らなければならないようなひどいこと」が起こる確率が高いか。

まことに逆説的なことではありますが、「オレが責任を取るよ」という言葉を言う人間がひとり増えるごとに、その集団からは「誰かが責任を取らなければならないようなこと」が起きるリスクがひとつずつ減っていくのです。集団構成員の全員が人を差し置いてまで「オレが責任を取るよ」と言う社会では、「誰かが責任を取らなければならないような事故やミス」が起きても、「誰の責任だ」と言うような議論は誰もしません。そんな話題には誰も時間を割かない。だって、みんなその「ひどいこと」について、自分にも責任の一端があったと感じるに決まっているからです。「この事態については、オレにも責任の一端はあるよな」と思って、内心忸怩《ないしんじくじ》たる人間がどうして「責任者出てこい」というような他罰《たばつ》的な言葉をぺらぺら口に出すことができるでしょうか。

長くなりましたので、結論を申し上げます（もう申し上げましたけど、まとめ）。

責任というのは、誰にも取ることのできないものです。にもかかわらず、責任というのは、人に押しつけられるものではありません。自分で引き受けるものです。というのは、

「責任を引き受けます」と宣言する人間が多ければ多いほど、「誰かが責任を引き受けなければならないようなこと」の出現確率は逓減《ていげん》してゆくからです。

どのような社会的な概念も、人間が幸福に、豊かに、安全に生き延びるために考案されたものです。「責任」という概念もそのひとつです。

「責任」は、「鍋」とか「目覚まし時計」のように、実体的に存在するものではありません。でも、それが「ある」というふうに考えたほうがいいと昔の人は考えた。それをどういうふうに扱うのかについて、エンドレスに困惑することを通じて、人間が倫理的に成熟してゆくことを可能にする、遂行的な概念だからこそ、作り出されたのです。

そういう意味では、それは「摂理《せつり》」とか「善」とか「美」とかいう概念と同じようにとらえがたいものです。「どんなものだか見たいから、ここに紐《ひも》で括《くく》って持って来い」というようなご要望にお応えできる筋のものではありません。

それはあるいはヒッチコックが「マクガフィン」と呼んだものと似ているのかも知れません。

マクガフィンというのは、スパイ映画なんかで、敵味方が入り乱れて奪い合う「マイクロフィルム」とか「秘密の地図」の類です。それが何であるかはどうでもよろしい。とにかく、それをめぐってすべての登場人物の欲望が編制《へんせい》されている。誰一人、その呪縛から逃れることができない。でも、実体が何だかわからない。そして、なんだかわからなくても、サスペンスの興趣は少しも減殺《げんさい》されない。

マクガフィンには効果だけがあって実体がありません。これについてヒッチコックはこんな小咄《こばなし》を紹介しています。


「その網棚《あみだな》の上にあるのはなんだい？」

「これかい、これはマクガフィンだよ」

「マクガフィンて、何だい？」

「アディロンダック山地でライオンを狩るための道具だよ」

「アディロンダックにライオンなんかいないぜ」

「ほら、マクガフィンは役に立っているだろ」


マクガフィンを「責任」に、「ライオン」を「われわれの社会を脅《おびや》かすリスク」に置き換えて読んでみてください。

# 正義が成り立つ条件

**「責任を取ること」は誰にもできない。しかし、だとすれば「被害者」は泣き寝入りするしかないのでしょうか。例えば、家族を殺された被害者家族は、ただその結果を司法に委ねるだけで、個人としては加害者を赦すしかないのでしょうか？**

今回のお題は「赦《ゆる》し」です。これもとても難しい問題です。

古代から人間の集団には絶対になくてはならない四つの柱がありました。司法と信仰と医療と教育です。「裁き」と「祈り」と「癒やし」と「学び」です。この四つの機能はどのような集団にも必須のものでした。それを欠いた集団は生き延びることができなかった。当然ですね。もし、集団の中に正邪理非を判定する基準がなかったら、どうなるでしょう。もし、死者を弔う習慣がなかったら、お墓がなかったら、死者について「あの人が今生きていたら、これを見てどう思うかな」と想像する習慣がなかったら、どうなるでしょう。もし、怪我をしたり病を得たものは、そのまま道ばたに捨て置かれるなら、どうなるでしょう。もし、幼いメンバーに生き延びるための技術も情報も年長者が伝えなかったら、どうなるでしょう。

どれも何が起きるか、想像することは難しいことではありません。そういう集団はたぶん一世代で地上から消滅していたはずです。少なくとも現代まで生き残った社会集団はすべてこの四つの機能を備えています。

## 四つの柱は繋がっている

さて、次が大切なことですが、この四つの機能はばらばらで働くものではありません。四つは深いところでたがいに繋《つな》がっています。

例えば、司法という機能は「罪」という概念がなければ成立しません。

そして、「罪」という概念は世界に正しい秩序をもたらす「神」という概念と無関係では存立しえません。「善と悪」という二つの超越的な力の拮抗《きっこう》のうちに世界は秩序づけられているという信憑《しんぴょう》抜きには、「罪」というものはありえない。

「罪の償いを求める」のは、それが傷ついたものの心身を「癒やす」ために必要だからです。一度失われたものは、加害者をどれほど罰しても回復しない。だからと言って、「過ぎたことなんだから、いいじゃないか」とは言えない。殺人者を死刑にしても、それで死者が生き返るわけではないのだから、無罪放免《ほうめん》しても同じだろうという理屈は通りません。それでは被害者やその周囲の人々の「気持ちが片づかない」からです。「癒やす」というのは、心身の傷に名を与え、それが求めるケアをなし、特別な慰めや励ましを贈って「片づける」ことです。

その「罪の償い」は、加害者に自分は何をしてしまったのか、そのことの意味を「学ぶ」ことを求めます。刑法は心神耗弱《しんしんこうじゃく》者の罪をとがめません。だから、アメリカでレーガン大統領を狙撃した犯人は、精神病院に入れられました。精神病が治って、正気に戻ったら死刑にするためにです。自分が何をしたのかわかっていない人間を罰することは「裁く」ことにならないからです。

「裁くこと」「祈ること」「癒やすこと」「学ぶこと」は、そんなふうに不可分のかたちで絡み合っています。「赦し」というテーマもその「絡み合い」の中で考察するしかありません。

## 「正義の執行」に求められる必須条件

そもそもどうして「裁き」ということが要請されたのか。

フランス語でも英語でも「裁き」は「正義」と同じ言葉です。justiceです。正義が行われなければならない。それは不正によって傷つき、損なわれた人に対する慈愛や共感に発しています。「これでは、あまりにかわいそう」だという気持ち、「惻隠《そくいん》の情」が正義を駆動しています。

『水戸黄門』には、「代官や越後屋がたいへんなワルモノだったという噂を聞いたので、黄門さまご一行はまっすぐ彼らを罰しにいった」というストーリーのものはひとつもありません。ワルモノはいかなる場合でも罰されるべきですが、実際に被害者がいて、黄門さまと顔と顔を見合わせて、その人の苦しみや悲しみは「不当である」という気分が醸成《じょうせい》されないことには、正義の執行は起動しない。レポートとか、風評とかでは黄門さまは動かないのです。

毎週あれだけワルモノが出てくるわけですから、今週泊った宿場の隣の城下町にも当然代官や越後屋系のワルモノたちがいるに違いない。これまでの長年の経験から推して「どうも代官と政商がつるむとろくなことがないようだから、こういう立場の人間たちを全国で斉一的に吟味したらどうか」という政策的な提言をすれば、それなりに合理的だと思えますけれど、黄門さまはそういうことはなされない。どうしても、「そこなお女中、ご無事か。痴《し》れ者は追い払いましたぞ」的な「きっかけ」がないと「正義の執行」を果たす気分が湧かない。

そういうものなのです。それで正しいのだと思います。

正義の起源は生身を備えた他者の具体的な受苦に対する「共感」だからです。

観念的な「悪」を憎んで正義を発動させたりすると、だいたいろくなことになりません。「見たこともない人の苦しみへの想像的共感に基づいて、会ったことのない知らない人に罰を与えようとする」というようなことは、あまりしないほうがいい。正義の執行は「生身の他者の受苦を目の当たりにしたとき」に限定したほうがいい。それはひとつの人類学的叡智《えいち》だろうと私は思います。

正義の起源にあるのは「他者への愛」です。「惻隠の情」です。それは原理的には「私の目の前にいて、現に傷つき、損なわれた生身の人間」との具体的な接触から生まれる。というより、それ以外の起源を持つべきではない。

でも、正義の執行は必ずその過程で「コラテラル・ダメージ」を伴います。「そばづえを喰う」というやつですね。助さん格さんもけっこう人を斬っていますが（この話ばかりで済みません。でも、すごくイメージしやすいんです）、代官に「ええい、斬り捨ていと命じられて斬りかかって返り討ちにあったサラリーマン侍たちにだって、実は妻子があったり、世話をしなければいけない老父母がいたりするのかもしれない。「やだけど、これもオツトメだからしかたないよな」と思って、嫌々斬りかかったのに、あっさり斬られてしまった。これもなんだか気の毒な話です。遠目で見ていると個体識別できない「ワルモノの家来衆」に過ぎなくても、間近に寄ってひとりひとりの顔を見ると、みんなそれなりに切ない事情を抱えていて、「こんなこと」をさせられている。気の毒です。「赦し」

というのは、この「間近に寄って、個人的事情を伺ってみると、なんだか気の毒になってくること」です。

正義の執行が果たされるときの原則は、「個体識別をしない」ということです。その他大勢の、名前もない人たちを断り捨てる。でも、事が終わったあとに、そこに散らばっている死傷者を見て、ひとりひとりの身の上を知ってみると、「なんだかずいぶんひどいことしちゃったなあ……」という悔いの思いがわき上がってくる。「ワルモノ」の側についても、被害者の場合と同じような個人史的な精査を行った場合、「そうか……キミにも、いろいろ、あったんだね」的な共感が生まれてしまう。こういう家庭環境で育って、このような劣悪な就業条件で働いていたのか……そうか、それではこのような非行に走るようになったのもやむをえないかもしれないというような「ワルモノの側の主観的な正当性」がなんとなくわかってしまうのです。人の顔を見るとそういうことがわかってしまう。

ですから、正義を執行する場面においては、正義の剣をふるう側は個体性豊かに描かれ、正義の鉄槌を受ける側は個体識別できないように平べったく記号的に描かれるという、表象の非対称性が生じるのです。この非対称性は偶然ではありません。正義の執行が要求する必須の条件なのです。

## 「赦し」は「裁き」のあとの話

「泥棒にも三分の理」、罪を犯す人間にも罪を犯すに至った切ない事情があります。よほどの先天的悪人（トマス・ハリスの描くレクター博士のような）以外は、ある意味ですでに被害者なのです。でも、加害者も実は被害者だったのだから、その罪を赦してやろうではないかというわけにはゆきません。それを言い出したら、すぐ暴力をふるうやつも、底意地の悪いやつも、嘘つきも、みんな「家庭環境や育成環境の犠牲者」だということになってしまう。そうなったら、もう正義は成り立ちません。

だから、正義の執行に際しては、「まず裁き」を下し、赦しについては「そのあと」話をする、という時間の前後を組み入れることになります。たぶん黄門さまも毎週斬り捨てた下っ端侍のために、番組終了後の時間帯に「あの人たちも供養をしておくれ」と近場のお寺にお願いしているんだと思います。そのシーンは画面には出てこないだけで。「赦す」というのは、すでに罪が犯され、その「裁き」が下された「あと」の話です。この点を見落とさないようにしましょう。

「裁き」を求める動機が「生身の他者の受苦への共感」であったように、「赦し」を求める動機もまた「罪ありとされた人間の、生身の苦しみへの共感」です。「これじゃ、かわいそうだよ」という気分が正義の執行を動機づけ、同じ気分が罪人への赦しを動機づける。動機が同じである以上、これを無時間的に横一線に並べたら、正邪理非の区別はつけられなくなる。だから、私たちは正義の執行を求める気分と、処罰の緩和を求める気分という「同じ気分」を時間的に先後関係にずらすことで「別物」として処理しているのです。


「赦し」は「裁き」のあとの話です。

裁きが始まる前に、あるいはその進行の過程では「赦し」は口にされてはならない。裁きは粛々《しゅくしゅく》と法律に基づいて下されなければならない。

「執行猶予《しっこうゆうよ》」という「手加減」が行われるのは、刑を宣した「あと」です。「被告への刑は執行を猶予する。なお、刑は懲役3年である」というような判決文はありません。まず刑は刑として宣告される。執行猶予という「赦し」は刑の宣告がなされた「あと」に、それを「取りなす」ようなかたちで下されなければならない。罪人の顔をじっと見つめ、彼がそのような罪を犯すに至った個人史的事情を精査する仕事は、判決が下った「あと」の話です。

## 刑の執行者には「顔」がない

もうひとつ「裁き」と「赦し」を差異づける点があります。

それは、「裁き」は個人的になされてはならないということです。「私讐」をなしてはならない。個人が受けた損害について、個人が復讐することは禁じられています。自分の妻子が殺された。復讐のために、犯人を殺した。でも、その犯人にも妻子があった。子どもは復讐を誓って、父殺しの男を捜し続けた……というふうに復讐はエンドレスになります。

個人が個人に罰を与えた場合には「正義」は成就しません。先ほども言いましたが、正義というのは「表象の非対称性」を要求するからです。それは被害者が「個人」で加害者が「記号」であるという非対称性であると同時に、刑の執行者が「公人」であり、受刑者が「私人」であるという非対称性でもあります。刑の執行者には「顔」がないのです。

昔の首切り役人は頭を黒い頭巾でくるんで顔を隠していました。彼は「名前のない人間」として公権力を代表して暴力をふるっているわけです。だから、首を切られた人の親族や友人が首切り役人を恨んで復讐を企てるということは起こらない。暴力装置から「固有名」を消すことで、暴力の無限連鎖を断ち切ろうとしたのです。誰が殺したのか「わからない」というかたちで、この表象の非対称性は達成されていたのです。

裁きというのは本質的に公的・非個人的なものです。そうでなければならない。そして、赦しというのは本質的に私的・個人的なものです。そうでなければならない。

正義の執行は峻厳《しゅんげん》になされます。でも、正義が正義でありすぎることをたわめるように、正義の執行がともなう傷を手当てするために、私的な介入が果たされる。

裁きと赦しの関係は、こういうふうに「時間の先後」と「公的か私的か」という二つの条件によって複雑に構造化されています。この複雑さだけが正義の正当性と、赦しの正当性を同時に担保しているのです。

## 「正義」の烈しさを「赦し」がたわめる

レヴィナス先生はかつて「正義と慈愛」の関係について、こう述べています。「体制としての正義の背後には、『より正義である正義』が予見されています。ですから、ひとりひとりの個人が自己裁量できる自由を残しておくのです。正義の尊重とならんで、正義の尊重に続くものという条件をつけて、ひとりひとりの慈愛と慈悲にもある種の権能を認めているのです。私たちの住むこの社会システムの本義は、真理に準拠《じゅんきょ》して裁き、裁かれた者を愛に準拠して遇するという点に存します。正義はひとつところにとどまるものではありません。正義は開かれているものです」（『暴力と聖性』）

レヴィナス先生のおっしゃることはいつも深い洞見に満たされています。最終的な正義も最終的な慈愛も人間たちの住むこの社会を人間的なものにすることはできません。正義が行われ、その烈《はげ》しさを赦しがたわめるというエンドレスの相互性のうちにのみ「開かれた正義」は存在するのです。

# ルールとの折り合いをつける

裁くことにしても赦すことにしても、社会のルールとの関係を無視することはできません。もちろんルールが公正であればいいのですが、ルールというものはしばしば、それを決める権力者の手によって歪められてしまっているものではないでしょうか。

「裁きと赦し」に続いて、次のご質問は「ルールについて」。「法律について」でも「道徳について」でも、質問の本意は同じだと思います。これらはどれも「他者と折り合って暮すための方便《ほうべん》」です。

「方便」というのは、仏教用語で、「人を真実に導くため、仮に採用された便宜《べんぎ》的・迂回《うかい》的な手段」のことであります。「嘘も方便」という言葉はよく使いますが（もう最近の若い人は使わないか……)、それに倣って言えば「ルールも方便」です。

あらゆる社会的な取り決めにはそれが作られたときにめざされた「真実」があります。そこに至るための「方便」として先人が工夫して作ったものがルールです。

話が難しくなるのは、あらゆる社会的な取り決めには「絶対に変わらないもの(制度の設計目的)」と「ころころ変わるもの(そこに至る便宜的・迂回的方法)」が混ざり合っていることです。「絶対変えてはいけない部分」と「いくら変えても構わない部分」が混在している。この見きわめがむずかしい。でも、これを見きわめられないとルールを適切に運用することはできません。

ルールをめぐる混乱は、2種類あります。

ひとつは「真実」と「方便」の区別がつかない人が、「方便」の部分を金科玉条《きんかぎょくじょう》の大義のように押し戴《いただ》いて、かたくなに守ろうとすることから起きる混乱。ひとつはどうせルールなんか方便なんだからとその制定時点での「真実」が何であったかを検証しなくなることで生じる混乱。

「制服のスカート丈は膝下《ひざした》5センチまで」(知らないけど)とかいう校則の類は、それが「何のためのもの」かを理解していないと、まったくのナンセンスになります。でも、「親族が死んだら葬式を出す」というようなルールは「どうせ焼却炉で焼くなら死体を生ゴミの日に出したって同じじゃん」というような薄っぺらな合理性で変えてよいものではありません。だから、どういうルールは変更可能だが、どういうルールは変更不可能なのかを適切に見分けなければいけない。ゆるがせにできないのはどの部分で、変えても構わないのはどの部分か、その判断ができない人間は少なくとも「ルールを運用する」立場に立つべきではありません。

## 「夫婦仲」の良し悪しは社会が決めている

例えば、「親族」というのはひとつの社会制度です。人類史のある段階で、制度化されました。でも、いろいろなパターンがあって、社会集団ごとに違う。父系制とか母系制とか、長子相続とか末子相続とか、社会集団ごとに違います。レヴィ＝ストロースによると、「夫婦仲が良いこと」が奨励《しょうれい》されている集団もあり、「夫婦仲が悪いこと」がデフォルトである集団もある。父親と息子がべたべたしている集団もあり（この場合は、母方の伯叔父《はくしゅくふ》が甥《おい》をびしびし鍛える）、父親が息子に対して厳格に接する集団もある（この場合は、母方の伯叔父が甥を甘やかす）。

夫婦仲の善し悪しや親子の親疎《しんそ》などは「それぞれの人間が自己決定している」とみなさん思っているでしょう？　違うんですよ。社会集団ごとに標準形が決まっているんです。

今の日本は「夫婦仲が悪い」「母と娘は癒着《ゆちゃく》している」「癒着した母と娘は父を侮り、場合によっては憎む」「父と息子はほとんどコミュニケーションがない」「母と息子はなんだか悲惨なことになっている」というのが「親子の定型」であるところの社会です。別に誰も自主的に、「それがいい。そういう家族を作ろう」と思って、そうしているわけじゃありません。個人的にやっているなら、もっとばらけていいはずですよね。父と娘が癒着して母を邪魔者扱いにする家庭があってもいい。父と息子がペアルックで腕組んで歩いている親子があってもいい。でも、そんなの見たことないでしょ？

だいたい、自己決定できるなら、「夫婦仲の悪い夫婦になろう」なんて思う人がいるはずないじゃないですか。

あ、今、夫婦なんて、ある程度時間が経てば、誰だって飽きちゃうものだ、と思った人がいますね。

あのですね、「世界中どこでも、歴史上どこでも、人間とは私のようなものだ」と思っているのを「民族誌的偏見」と呼ぶのです。

たしかに僕たちの中には「永遠不変の人間性」もある。でも、「自分たちの社会集団だけの、方便としての、ローカルな、代替可能な人間的性格」もあるんです。「人間とはこういうものだ」という思い込みが、「それはあなたのところだけ」地域限定でしか通用しないということがたくさん（みなさんが想像していることの100倍くらい）あるんです。知らない人が多いでしょうけれど、世の中には「夫婦仲が良いこと」があきらかな社会的圧力として存在していて、自由意思ではそれに違背《いはい》できない社会集団だってあるのです。そういう社会では「夫婦仲が悪いこと」は人に知られてはならないほどに醜悪で恥ずべきことだと思われているので、すべての夫婦は必死になって仲良くするように努力する。そして、二人で努力しているわけですから、だいたい仲が良い。でも、この「仲の良さ」は社会的ルールによって形成された感情であって、内発的な根拠があるわけではない。

親族間の好悪や親疎の感情でさえ、実は内発的なものではなく、ルールで外側から決められている。そのことがわからないと「ルールを運用することのできる人間」にはなれません。

さて、では親族制度における「ここだけは絶対に変えてはいけない部分」、つまり世界中のすべての社会集団に共通することとは何でしょう。

つまり、親族制度の「真実」とは何か。

1分差し上げますので、ちょっと自分で考えてみてください。

僕はちょっとコーヒーを淹《い》れてきます。

## 親族制度の「真実」

はい、戻って来ました。

親族の存在理由、わかりましたか?

「親族の存続」です。

そうなんです。「親族の存在理由」は「親族の存続」なんです。

あらゆる生命体にとって生きる目的は「生き延びること」です。生き延びるためには、次々と遭遇《そうぐう》する「生き延びることを妨害する要因」(捕食者とか、病原菌とか、トラップとか……すべての「生命力を減殺するファクター」)を回避したり、戦ったり、折り合ったり、それに傷つけられないような別の生命体に「変態」したりする。生物の進化というのはたしかそういう過程でした。

僕たちが暮している社会は複数の人間が共生している集合的な生命体です。集合的であるという点だけで、あとは単細胞生物と変わりません。ですから、その最優先の仕事は「生き延びること」です。

それだけです。

それが「真実」です。自余のことはすべて「どうでもいいこと」です。いくら変わっても構わない。集団が生き延びてゆく上で有用なら、どんな変化をしても構わない。集団が生き延びる力を減殺し、阻害するファクターを回避するためなら、どんな変化をしても構わない。

それが社会的なルールを操作するときの基本原則です。

## いちばん小さな集団は「私」

それがわかったところで、視点を変えてみます。

「ルール」とはその社会集団が生き延びるために作られたものである。

これが第一命題です。すべての話はここから始まります。

では、次の質問。

世界でいちばん小さな集団とは何でしょう？

家族でしょうか？

夫婦二人とか、母子家庭・父子家庭だと構成員二人です。ふつうはこれがミニマムサイズの集団だと思いますね。

でも、僕は違うと思います。

いちばん小さな集団は「私」です。「私」というのはプラスチックの家具のような一体形成的なものではないからです。複素的な構成物です。

現に、僕自身の内側を覗き込んでみても、その中にはさまざまな人格要素が共生しています。

勤勉な人、怠惰な人、プライドの高い人、卑猥な人、鷹揚《おうよう》な人、猜疑心《さいぎしん》の強い人、寛容な人、攻撃的な人、清潔好きの人、ゴミ屋敷でも平気な人、おじさん、おばさん、おじいさん、子ども……いろいろな人格要素が、ケースバイケースで、僕の中では強くなったり弱くなったりします。状況によって、対面している相手によって、出てくる人格要素が変わる。

多重人格者じゃないので、完全な入れ替わりはしませんが、「下世話《げせわ》な事情に詳しくて、細かいことは面倒だからどうでもいいよ的にルーズ」な僕が前面に出てくることもあるし、「意地っぱりで、物わかりが悪くて、かたくなに理想主義的」な僕が前面に出てくることもあります。僕はそういうのを全部「半分自分であって、半分自分ではないアルターエゴたち」というふうにみなしています。

そういう人たちと一軒の下宿を借りて、個室だけは別だけど、トイレと台所とリビングを共有して生活している……というふうに僕は自分の「自我」をイメージしています。

だから、当然、その「アルターエゴたちとの共同生活」にもルールがある。集団として生き延びるためのルールです。

そのルールは集団のルールと一緒です。「構成員の全員（態度の悪いのも、弱いのも含めて）を誰ひとり見捨てない」ということです。「おまえはみんなから嫌われているんだから、家から出て、外で寝ろ、トイレ使うな、メシ食うな」というようなことは自分の中の誰に対しても言わない。

これが僕の「自我という集団」についてのルールです。生き延びるためのルールです。当然、僕のアルターエゴたちの中にも仲の悪いのはいます。「きれい好き」と「なまけもの」は相性が悪いし、「ナマイキな理想主義者」と「ふて腐れリアリスト」は会っても挨拶もしない。でも、それぞれについて「まあ、あいつも悪いやつじゃないからさ。仲間にしておいてやろうよ」と取りなす人がいる。そういう人たちが緩衝材になって、アパート暮らしは続いている。

そういう感じです。

メンバーの中の弱いものも、卑しいものも、貧しいものも、厭なやつも、なんとか自尊感情を維持することができる。「フルメンバー」として認知されている。そういうのが「自我共同体」の基本ルールだろうと僕は思います。

同じルールは、それよりサイズの大きな集団についても適用できるはずです。適用されなければならない。

## 「スカート丈は膝下5センチ」という校則が存在する理由

集団構成員である限り誰も見捨てない。それが集団の存続ということです。

強い個体、能力の高い個体だけが生き残り、弱い個体、非力で無能な個体は淘汰《とうた》されて、打ち捨てられ、場合によっては「喰《く》われる」という「弱肉強食ルール」がもし社会集団に適用されたら、その集団は「集団として」は存続できません。

なぜなら、強弱というのは相対的な概念だからです。「絶対的に強いもの」も「絶対的に弱いもの」も存在しません。比較の項として「弱いもの」がいることが誰かが「強い」ということの唯一の条件です。だから、「強者だけで形成された集団」というものは原理的に存在しません。「強者だけの集団の中の相対的に一番強くないもの」がそこでは弱者とされて「喰われる」からです。

弱いものは強いものに喰われて当然であるというルールでやっていれば、集団構成員はどんどん減っていって、最後はゼロになる。もっともゼロになるはるか手前で、集団構成員が減りすぎて弱小集団になった段階で、別のもっと強い集団に「喰われて」しまうでしょう。

そういうものです。

だから、集団として生き延びることを目的とした場合には、「誰も見捨てない」ということと、「どうやって集団全体の生命力を高めるか」を考える。

それがルールの「真実」です。

それを考えると、「スカート丈は膝下5センチ」というような一見するとナンセンスな校則にも人類学的叡智の断片が生き残っていることがわかります。

制服の「真実」は、「集団構成員を外形的には差別化しない」ということです。できるだけ強弱の差や貧富の差や美的センスの差を顕在化《けんざいか》させない。そのために制服がある。

もうひとつは「相互に見きわめがたく似た姿」にさせることで集団はある種の力を得る

ということです。

「転嫁」という心理現象があります。

幼児の場合、そばにいる他の幼児と自分を識別できないということがあります。だから、友だちをぶっておいて「痛い」と泣き出す。友だちがあるおもちゃを欲しがると、自分もそれが欲しくなる。幼児において痛みや欲望はすぐに感染するのです。それによって「争い」が起きることもあります。

でも、それによって「共身体」が形成されることもある。

『300（スリーハンドレッド）』という映画がありました。古代スパルタの兵士たち300人が同じ体型、同じ武装、同じ表情で戦闘集団を形成して、100万人のペルシャ軍と戦うという話です。

300対100万というのは誇張された比率ですけれど、それでも、自他が識別しがたく似た個体によって形成された集団は、ひとりひとりがばらばらで数だけ集めた「烏合《うごう》の衆」よりも圧倒的に戦闘力が高いという経験的事実を踏まえていることはたしかです。

成員を相互に似たものにするというのは、集団が生き延びるために操る非常に高度な「技術」のひとつです。

上に書いた通り、それによって内部で競争が起きることがあります。全員が個体識別できないようになると、自分が欲望するもの（モノでも異性でも）に集団全員が同時に殺到することになる。

それは困る。

でも、全員が個体識別できないがゆえに異常に高い凝集力を持つことがある。

それを利用して、内部で起きる相対的な優劣の競争を抑制し、集団としてのパフォーマンスだけを選択的に向上させる。それが校則のような集団ルールを操作する場合のかんどころです。

不良高校生たちが学ラン着て殴り合うマンガって山のようにありますけれど（『ビー・バップ・ハイスクール』とか）、あれは学生服着用が基本ですね。制服だけが他校との識別指標ですから。生徒たちが私服だと物語が始まらない。あれも一応制服を着ることによって集団のパフォーマンスは向上するという人類学的叡智の断片を今に伝えているんだと思います。

そういうルールのリスクもベネフィットもわかっている人がルールを操作している限り、ルールは生産的なものです。

でも、「なぜルールがあるのか?」を問わない人間がルールを管轄し、違反者を罰するということをしていると、集団の「生き延びる力」は必ず弱まってしまう。だって、「絶対に変えてはいけない大切なところ」と「どうでもいいところ」が識別できなくなるんですから。

そういうときに、人間は「絶対変えてはいけないところ」を変え、「どうでもいいところ」に固執するようになる。必ず、そうなります。

ルールについて、申し上げたいことはもっとあるんですけれど、長くなりましたので、今日はここまでです。では。

# フェアネス（公平・公正）とは何か

フェアネス（公平・公正）とは何でしょうか。中央と地方、老人と若者、富裕層と貧困層。今の日本ではさまざまなところで不公平感が高まっています。しかしそもそも社会がどうなれば「公平・公正である」と言えるのか？　と考えると、一筋縄ではいかないように感じます。

ちょっと武者震《むしゃぶる》いするようなよい質問であります。

フェアネスとは何か。

たしかに僕はこれまでこの言葉を頻繁《ひんぱん》に使ってきていながら、その定義を「自明」のことだと思って、改めて吟味したことがありませんでした。ご質問をいただいたことを奇貨《きか》として、この語の意味について考えてみたいと思います。

ある語の定義をするときのやり方は記号論的には定型があります。「それが何でないか」から詰めてゆくのです。

フェア（fair）の反対語は何でしょう。よく使われるのはunfairです。でも、これは「フェアじゃない」ですから、何も言っていないのと同じ。

僕の見るところ、一番印象的な反対語はfoulです。

「フェア」の反対語は「ファウル」。野球の用語です。ダイヤモンドの中は「フェア（美しい）」フィールド、その外は「ファウル（穢《けが》れた）」フィールドです。

野球やサッカーやラグビーのようなボールゲームはこれらの遊技の太古的な本質をかなり正確に今に伝えてくれています。

ボールは「生きているか」「死んでいるか」いずれかの状態にある。「生きた」ボールが最後にどこで「死ぬ」かによって、ボールの「意味」が決定される。そして、ゲームのフィールドは「清らか」であるか「穢れている」かに分かたれる。

こう書き出すと、ボールゲームというのが、実は人間たちの住む世界にある種のデジタルな境界線を引いて、そこにコスモロジカルな秩序を立ち上げるための神話的な装置だということがわかります。子どもたちはこの遊技を通じて、世界は「敵と味方」「戦争と平和」「生と死」「清浄と汚濁《おだく》」といった二項対立を積み重ねて構造化されているという基本的な世界認識の「仕方」を学びます。

## 「つくりもの」に意味がある

実際には世界はアナログな連続体であって、こんな都合のよいデジタルな境界線は存在しません。

でも、人間はアナログな連続体の中では「意味」のある行動を取ることができません。「意味」というのは「アモルファスな世界を人間たちが恣意《しい》的に切り分ける」ことではじめて成立する「つくりもの」だからです。

例えば、国家。こんなものはもともとはこの世界には存在しません。自然物ではありません。誰かが「この線からこっちは『うち』だから入ってくるな」ということを言い出したせいで成立したものです。福沢諭吉はその『瘦我慢《やせがまん》の説』の冒頭にこう書いています。

「立国は私なり、公に非ざるなり」

国民国家なんていうものをつくるのは「私」人だと、そう言い切っているのです。過激です。

「なんぞ必ずしも区々たる人為《じんい》の国を分て人為の境界を定むることを須《もち》いんや。いはんやその国を分て隣国と境界を争うにおいてをや。いはんや隣の不幸を顧《かえり》みずして自ら利せんとするにおいてをや。いはんやその国に一個の首領を立て、これを君として仰ぎこれを主として事《つか》え、その君主のために衆人の生命財産を空《むなし》うするがごときにおいてをや。」

国境線を引いて「こっちからこっちは日本だ」というようなことを言う必然性があるのか。隣国とこの土地はどっちのものだとがみがみ言い争う必然性があるのか。うちさえよければそれでいい、隣国の奴らなんか飢え死にしても知るかというような考え方をする必然性があるのか。ましてや誰かを担ぎ上げて君主だと仰ぎ、この君のためには命も財産も惜しくないとのぼせ上がる必然性がどこにある。福沢はそう言っているのです。明治24年に。国民国家なんかただの幻想に過ぎないと言い切っているのです。たいしたものです。

でも、だから国家なんか意味ないというのではないのです。ここからが肝腎《かんじん》なところです。

境界線というのは全部「つくりもの」だ。でも、人間がそういう「つくりもの」を要請したのは、それなりに理由がある。人間というのはそういうものがないと生きていけない、弱く哀しい生き物なのだ、というのが福沢の論のかんどころです。

「忠君愛国の文字は哲学流に解すれば純乎《じゅんこ》たる人類の私情なれども、今日までの世界の事情においてはこれを称して美徳といはざるを得ず。すなわち哲学の私情は立国の公道にして、（……）外に対するの私を以て内のためにするの公道と認めざるはなし。」

立国立政府は論理的には純然たる私事であるけれど、「当今の世界の事相」を鑑《かんが》みるに、これをあたかも「公道」であるかに偽称《ぎしょう》せざるを得ない。

国家は論理的には恣意に過ぎないが、現実的には公的なものである。

国家はもともとは人間が創り出した政治的な装置に過ぎないが、それをあたかも海や山のように遠い昔からずっとそこにあった自然物のように見なすのが「当今の世界の事相」である。そして、われわれが「当今の世界」に住んでいる以上、国家をあたかも自然物のように「見立て」て暮らすしかないだろう、と。

それは野球のチームが「敵と味方」に別れて「勝負」をするのと同じです。「一死」とか「封殺」とか殺伐《さつばつ》とした言葉を使いますけれど、別にほんとうに死ぬわけじゃない。敵チームのメンバーとだってゲームが終われば一緒に遊ぶし、トレードされたら自分が敵チームに入ることだってある。すべては暫定的な制度に過ぎない。でも、それを大まじめで信じてみせないと、このゲームは成立しない。

## 目的ははっきりしている

「フェアネス」の話をしているところでした。

フェアはファウルと対になって成立する概念です。人間が勝手に作った境界線です。三角ベースを始めるときに、子供が地面に棒きれで適当に線を引いて、「こっちからこっちはフェア、そっちに出たらファウルね」と決めるのと一緒です。

そういうときに、「なぜ、この境界線がここに引かれねばならぬのか。もう10センチ西よりではなぜいけないのか」と苦情を言う人はいません。それが「決めごと」だからです。それが暫定的《ざんていてき》な取り決めに過ぎないということをみんなわかっている。別にそこに線を引く必然性があるわけじゃない。福沢の言葉を借りて言えば、「なんぞ必ずしも区々たる人為の境界を定むることを須いんや」ということです。

でも、その線を引かないと遊びが始まらない。フェアネスもそうです。「ここからこっちがフェアで、こっちはファウル」という線引きは恣意的なものです。でも、それを決めないとゲームが始まらない。

例えば競争をするときに、個々の能力差に応じて「ハンディキャップ」をつけたほうがフェアなのか、全員の条件を均質にするのがフェアなのか。どっちがフェアかについての客観的な基準は存在しません。いずれにしても恣意的な取り決めだからです。

でも、目的ははっきりしている。ゲームをするためです。プレイヤーたちがより深くゲームにのめり込み、真剣になり、愉快になり、夢中になるようにするためです。その効果をめざしてフェアとファウルの境界線は設定されます。

だから、フェアネスの設定条件は極論すれば国家の設定条件と同じです。その取り決めをしたほうが結果的にプレイヤーたちが「生きやすく」なるという条件です。「ここからここまでは『身内』」と決めて、チームを作り「ゲームをする」ほうが、孤立したままより生き延びる確率が高い。人間的に成熟するチャンスも高い。さまざまな技術や知識を身につけることも容易である。

「フェアとファウルの絶対的な境界線は存在しないのであるから、そのようなゲームには意味がない」と言う人は、彼が使っている「意味」というものそれ自体がアモルファスな世界を恣意的に切り分けたことの効果だということを忘れています。

「意味と無意味の絶対的な境界線は存在しないのであるから、『意味』というような言葉を使ってことの正否を論じるのは意味がない」という言明がナンセンスであることはすぐにわかります。

## 本質は結果オーライ

人間的諸制度の本質は「結果オーライ」だということです。

人間が創り出したすべての制度は「その制度があることによって、その制度がない場合よりも、人間が生き延び、成熟し、幸福になるチャンスが高まる」かどうかによって適否を判断される。そうなんです。

経済活動の目的は「金儲け」ではありません。「人間の成熟」です。

円滑に経済活動が行われるためには、共通の言語が必要であり、共通の度量衡《どりょうこう》が必要であり、共通の商習慣が必要であり、信頼や約束といった徳目を重く見る倫理観が必要であり、交通網や通信網の整備が必要であり……その他もろもろ。

例えば、トロブリアンド諸島の「クラ交易」で交換される貝殻の装身具はそれ自体には何の使用価値もありません（小さくて着用できない）。でも、それをきちんと島々の間で回してゆくためには、信頼できる「クラ仲間」を他の島々に扶植《ふしょく》しておかなければならない。島巡りのための造船技術や操船技術や海洋や気象についての知識も必要になる。使用価値ゼロの貝殻を円滑に交換するために、さまざまな人間的能力の開発が要請される。

それが交易の本来の目的なのです。

ゲームにおけるフェアネスも同じです。

結果オーライ。

「このゲームでは、これを『フェア』と認定する」という宣言の適切性を基礎づけるのは「これ以外の基準で『フェア／アンフェア』を区分するよりも、この基準で区分するほうが、ゲーム参加者全員にとって利益が大きい」という計量的根拠以外にありません。

　フェアネスというものがあたかもプラトン的なイデアのようなものとして存在すると信じている人がときどきいますけれど、それだって別に悪くはないんです。「フェアネスはプラトン的イデアとして牢固として実在する」というルールでゲームをしたほうが世の中が生きやすいものになるということを証明してくれたら、僕は喜んでそのルールを受け容れます。

　現代日本で「フェアか否か」が論じられるのは主に競争的環境においてです。いかなるハンディも「下駄」もなしの無条件の自由競争こそがフェアであるという人たちが一方におり、弱者にこそ資源を優先的に配分する方がフェアだと言う人たちが一方にいます。「新自由主義者」と「社会主義者」、「リバタリアン」と「コミュニタリアン」、どちらの言い分もそれぞれに聞けばもっともです。でも、誰が考えても、経験的な「落としどころ」はその「中ほど」というところでしょう。残念ながら、彼らの信じているところとは違って、フェアネスというのは原理の問題ではなく、程度の問題だからです。

## フェアな社会はフェアな人間を再生産する

と書いて話を終わりにしてもいいのですが、実はここにひとつパラドクスがあります。フェアネスの「さじ加減」を適切に扱えるような成熟した人間、つまり「フェアネス」とはどういうものかがよくわかっている人間は、「フェアな社会」の果実だということです。

「まあ、これならフェアと言えるんじゃないの」という判断において人々の間にゆるやかな合意のある社会、それゆえ成員たちのマジョリティが「ここはどちらかと言えばフェアな社会だ」と思える社会、そういう社会で生まれ育った人たちにとって「フェアネス」は空気のようなものです。だから、それが扱える。それが欠けると、酸欠で息ができなくなるから。

そういう人だけが「さじ」を扱える。そういう人は「この社会はフェアではない。だから社会制度を根本から徹底的に変革せねばならない」というようなことは言いません。

「ここに穴をあけたらとりあえず息がつける」ということが具体的にわかるから。部品交換で済む故障のためにいきなり乗っていた車を廃車にするようなことはしません。

問題なのは、フェアネスのさじ加減がわかる人間は「わりとフェアな社会」からしか生まれないということです。

フェアな社会はフェアな人間を再生産する。

もしも現代日本でフェアネスが問題になっているのだとすれば、フェアネスのさじ加減がわかる人間がそれだけ減っているということであり、それは僕たちの住んでいるこの日本社会が「すでにあまりフェアではないところ」になってしまったことの結果なのです。

## 日本を変えていくには

**「すでにあまりフェアではないところ」まできてしまった日本の中で、社会を少しでも良い方向に変えていきたいと思ったとき、私たちは何から、どのように取り組めばよいでしょうか**

社会改革はどうあるべきか。これはもう若い人と老人では「時間の感覚」が違うので、どうしようもないですね。

「今の日本よりも、明日の日本を良くしたい」と思っていることについては、若い人も老人もかわりはありません。「オレは若い頃にさんざんいい思いしたから、明日の日本なんかどうなってもいいよ」なんて思っている老人はおりません。いたとしたら、そいつは

「根っから邪悪な人間」であって、邪悪さは年齢とは関係ありません。

　僕はもう立派な老人ですが、明日の日本のことばかり心配しています。でも、長く生きてきて、わかったことがいくつかありますが、そのひとつは「心配の仕方にもいろいろある」ということです。

　危機的状況に際会したときに、どうやって生き延びるか、それが武道の基本問題です。そのことばかり40年間考えてきたのですから、僕はいわば「心配することのプロ」と自称してもいいくらいです。

　その修業で学んだことをいくつかご紹介して、回答に代えたいと思います。

## 取り越し苦労はしてはならない

　最初にご紹介したいのが、「取り越し苦労をしないこと」です。

　意外に思われるかもしれませんが、「取り越し苦労」というのは「後悔」と同じように、

「武道家が決してしてはならないこと」です。

「気遣《きづか》う」のはいいんですよ。この先に崖があるから、足元に注意して歩こうというのはいいんです。もちろん。

「取り越し苦労」というのは、そうじゃなくて、「崖から足を踏み外して、真っ逆さまに落下して、頭がぐしゃぐしゃに潰れた自分の姿」を想像してどきどきすることです。

そういうことはしないほうがいい。

どうしてかというと、「明瞭にイメージされた未来」はそうでない未来よりも実現可能性が高いからです。

人間は不思議な生き物で、自分の想像力の奔放《ほんぽう》さに「淫《いん》する」ということがあるのです。「こんなすごいことを想像できちゃう自分の脳のスケールの大きさ」に惚《ほ》れ惚《ぼ》れしてしまうのです。

そうなると、「こんなことが起きたらいやだな」という未来について、つい細部にわたって想像してしまう。その想像にのめり込んでしまう。

そして、細部まで想像された未来は強い吸引力を持つ。そこに引き寄せられてしまう。ほんとうですよ。

中島みゆきの歌に出てくる女の人って、だいたい「取り越し苦労」系女子ですね。このタイプの人たちって、「これからこの男はこんな浮ついた言葉で私を口説くのだが、私は男の卑しい下心を知りながら、作り笑いをしてみせるのだ」というようなことをつい細かく想像してしまう。だって、見え透いているから。そして、たしかに想像通りになる。結果、ますます「私はこれからどうなるか、だいたいわかる」と思うようになる。

でも、実際には、「予想した通りになった」というのではなく、そうなるように無意識のうちにふるまっているんです。

男が浮ついた言葉を口走るのは、ご自身が「そういう言葉にコロリといってしまいそうな女」をどこかで演じているからです。男がそのあと去ってゆくのは、男が「もうたまらんわ」と悲鳴を上げるまであれこれと意地の悪いことをするからです。

でも、無意識にしていることだから、本人はそれが自分の「仕掛けたこと」だとは思っていない。人の足を思い切り踏んでおいて、相手が悲鳴を上げたら、「どうしたの？」とびっくりするようなものです。

自分が無意識のうちに仕組んだことを「きっとこうなると思っていた……」というふうに総括するのが「取り越し苦労」です。こういうのはよしたほうがいいですよ。

## 「見返り」は「最悪の事態」

「最悪の場合に備えて心の準備をする」というのはけっこう危険なことなんです。「心の準備」と言ったって、それなりのコストがかかる心的作業です。コストをかけた以上、「見返り」を期待するのが人というものです。

そして、心の準備に投じた時間やエネルギーに対する最大の「見返り」は「最悪の事態」がほんとうに起きてしまうことです。

そうですよね。

そのときはじめて「最悪の事態に備えて心の準備をしておいてよかった」ということになるわけですから。

つまり、「最悪の事態」に備えた人は無意識のうちに「最悪の事態」の到来を願うようになる。

福島原発の事故が起きる前に、現場の技術者の中には「こんなずさんな管理をしていたら、そのうち『たいへんなこと』が起きるぞ」と思っていた人が少なからずいたと僕は思います。

でも、彼らの意見具申を上の人たちは取り上げなくなった。「ひどい連中だな」とうつむきながら、彼らは「最悪の事態に備えて心の準備」を始めました。でも、それはあくまで「心の準備」であって、決して事故を起こさないための「テクニカルな準備」を（上司の意見を無視してまで）断行するということではありませんでした。だって、「絶対安全で事故なんか起こるはずがない」と上が言っているのに、それに抗って「いや、事故に備えておきましょう」と提案して上がいい顔をするはずがない。しつこく言い張れば、左遷《させん》されてしまいます。

ですから、現場の良心的な技術者たちはむしろ、「こんなことなら、いっそ事故が起きればいいのに」と思ってしまったのではないか。僕はそう想像するのです。

そうすればそのときはじめて上部の人間たちも仰天《ぎょうてん》してその不明を恥じ、現場の人たちの明察に対して敬意を示すようになるからです。

別に邪悪な意図があって、そう思ってしまうわけじゃない。でも、心に思うことは誰にも止められません。

「こんなことをしていたら、いずれ大変なことが起きる」という警告を発しているのに無視され続けたら、人間はいつか「大変なこと」が起きることを望むようになる。

仕方がないんです。無意識に望むんだから、止めようがない。その人の倫理性とか社会的立場とか無関係な心的過程なんです。

そして問題は、「いつか大変なことが起きることを望む」無意識は、「なんだかわからないけれど、危ない感じがする」というようなクラフトマン特有の「直感」を鈍らせてしまうことです。

もちろん彼らだってルーティンどおりのチェックはしているんです。決められた安全基準を満たすように、ちゃんと点検している。でも、ほんもののクラフトマンは目に見えなくても、耳に聞こえなくても、手で触らなくても、安全基準を満たしていても、それでも「危険信号」が聞こえるということがある。何かが変だ、ということが直感的にわかる。見えないところのネジが緩んでいるとか、髪の毛ほどのクラックがあるとか、わかるんです。「何か変だ」ということが無根拠にわかる。そういうことができるのがほんとうの技術者ですから。

実際には、そういう特殊な職能が「起きてもよかった」「起きるはずだった」無数の事故を予防しているのです。

でも、「こんなことを続けていたら、いつか大変なことが起きるぞ」という屈託《くったく》は、この技術者たちの危険感知能力を弱めてしまう。危険を知らせるアラームが鳴っているのだけれど反応しなくなってしまう。だって、ほんとうは微かでも危険を知らせるアラームが鳴動したら反応するように自分を訓練してきたのに、いくらアラームが轟音《ごうおん》を鳴らしていても、無視しろと上から命令されているわけですから。轟音の中で仕事をしていたら、「うるさいから耳栓《みみせん》しちゃお」ということになります。

実際に福島第一原発にいた技術者たちも、どこかの段階で「耳栓」をしたのだと思います。誠実な技術者として「危ないです」と言い続けたら、上司に嫌われる。黙って職にとどまっていると朝から晩まで「こんなこと続けていたら今にたいへんなことになる」というアラームが耳元で鳴り響く。そんなの我慢できません。

だから、耳を塞《ふさ》ぐようになる。そうすると、ある日「ひどく危ないこと」が起きても、前の日の「ふつうに危ないこと」との間の差別化ができなくなる。自分でシグナルの受信能力を下げているんですから。危機の徴候が現われても、それに反応できなくなる。

繰り返し言いますが、それは本人の責任じゃないんです。無意識とか潜在意識とか直感のレベルの話なんですから。でも、人間の生き死ににほんとうにかかわる出来事はこのレベルで起きているんです。

## 場を主宰しているのは私だ

じゃあ、どうやって危機の切迫を事前に直感しながら、それを回避したり、予防したり、それがもたらす災厄を最小化したりできるのか。

それは武道の場合といっしょです。

慌てないこと。後手に回らないこと。

たとえ後手に回ったとしても、そう思って浮き足立つとさらに事態は悪化しますから、そう思わない。後手に回ったのだけれど、「ふふふ、こうなると思っていたよ」と無理にでも断定する。自分がこの場を主宰しており、一見すると「後手に回った」ように見えるけれど、これはすべて「私が絵を描いた出来事」なのだと思い込む。

これはまさに「取り越し苦労」の逆です。「取り越し苦労」は自分で無意識のうちにそういう場を仕込んでおきながら、そのことを本人は忘れている。

「後手に回らない」というのは、想定外のことが起きても慌てないということです。「いずれこういうことになるとずっと前から思っていた」というマインドセットで状況に対処することです。

もちろんそんなの嘘なんですよ。

「ふふふ、いずれこうなると思っていたぜ」なんてぜんぜん思っていなかったんです。でも、後手に回ったときには、無理にでもそう思ったほうがいい。

なにしろ生き死ににかかわる危機的状況に立ち入ったわけですから、心身のパフォーマンスを最大化しなければとてもじゃないけど生き延びられない。

恐怖、不安、後悔といった感情が心身の働きを高めることはありません。絶対にありません。

だから、どんなことがあっても、こういうネガティヴな感情がのさばり出ることを抑止しなければならない。

そのためには「場を主宰しているのは私だ」という話にしなければならない。私がこのイベント全体の「プロデューサー」なのであるという気構えで場に処さないといけない。

## 「床のゴミ」が見えているか

さて、プロデューサーが現場でする仕事とは何でしょう？

これについては以前、橋本治さんから大切なことを教えていただきました。

「すぐれたプロデューサーが現場に入ってまずすることはなんだと思う？」と橋本さんに聞かれて、「さあ……」と首をかしげていたら教えてくれました。

「床のゴミを拾うことだよ」

至言だと思います。

現場をぜんぶ見ている人間、そこで起きることのすべてについて最終責任を負う覚悟でいる人間の眼にだけ「床のゴミ」が見える。

他の人には見えない。

役者もスタッフも、みんな「自分の仕事」に夢中だからです。

それに、そういう人たちは「自分の仕事」だけやっていればいいんです。誰もそれ以上の仕事は要求していませんから。

だから、誰も「床のゴミ」に気づかない。

そのゴミがどういうふうに場の空気を汚すか。そこに出入りする人たちの「感度」を下げるか、そういうことに気づかない。

でも、やってみればわかりますけれど、「ゴミだらけの部屋」と「きれいに掃除された部屋」ではコミュニケーションの滑らかさが違います。

「ゴミだらけの部屋」にいる人たちは、汚いのが嫌だから、口も大きく開けないし、眼も半分閉じているし、耳も鼻の穴もすぼめています。触ると汚いから、皮膚も縮んでいる。

そんな状態で円滑なコミュニケーションが成り立つでしょうか?

わずかな行き違いで話が食い違ったり、メッセージが伝わっていなかったり。それが大きなトラブルを引き起こすことがあります。

ほんとですよ。

でも、そういう「場の透明性」とか「声の通りの良さ」とか「コミュニケーションの円滑さ」のようなメタレベルの出来事を見ているのはプロデューサーだけなんです。

だから、誰も気がつかない床のゴミにプロデューサーが最初に気がつく。

そういうものなんです。

危機的状況に際会したときに「プロデューサーの気構えで状況に臨む」ということの意味がこの説明で少しはおわかりいただけたでしょうか。

「後手に回った人間」「慌てている人間」「浮き足立っている人間」は絶対に床のゴミを拾いません。

「待ったなしだ」とか「スピード感」とか「決定力」とかいうような言葉を上ずって口走る人間には「床のゴミを拾う」ことは絶対にできません。

それは「みんながくる前にオフィスを掃除して、みんなが帰った後にお茶碗《ちゃわん》を洗っておく」ような「雪かき」仕事です。

でも、それができる人間しか「場を主宰する」ことはできません。

絶対に。

# 後手に回らないために

この章のはじめにも申し上げましたが、僕が『こういうこと』になったのは誰のせいだ」というタイプの他責的な言葉づかいはしないほうがいいよと言っているのは、その言い方がすでに「後手に回っている」からです。

後手に回ったら必ず負ける。これは武道の基本法則です。

だから、いかにして、たとえ後手に回っていても「後手に回っていない」という「話」に持ち込むか、それを先人は工夫してきたのです。

それをなぜ自分から進んで人に「場の主宰権《しゅさいけん》」を譲り渡してしまうのか。まことに愚かなことです。

仮に先手を取られても「『取られた』のではなく、先手を『取らせた』のだ」という話から始める。それが武道の骨法《こっぽう》です。

こうなるようにしたのは「私」である。仮に、それが「私の失着《しっちゃく》」や「私の見込み違い」や「私の不手際《ふてぎわ》」であったとしても、最終責任は「私」にある。そういう前提から話を始めるなら、決定権は一義的に「私」にあることになります。「私の失敗」で、「こんなこと」が起きたのであれば、後の始末も全部「私」の仕事だということになる。

責任と決定権はバーターです。「責任を取る」と宣言した人間が決定権を取る。「こうなったのは、私の責任です」と名乗った人間に「これからどうするか」を決める権利が賦与される。

そういうものです。

「こうなったのは、全部おまえたちの責任だ」というセンテンスを最初にうっかり選んだ人は（たぶん気づいていないでしょうが）そのときに「後手に回る」立場を選んだことになります。

そういう人はもう最後まで「決定権」を持つことができません。自分から放棄してしまったのですから。

僕が言いたいことはもうおわかりになりますね。

もし、あなたが「これからの日本を良くする」ことについて多少でも決定に与りたい、できるなら実効的にかかわりたいとほんとうに願っているなら、誰も気がついていない

「床のゴミ」をまず拾い上げることから始めるしかありません。

ふつうそれは「まったく新しいタイプの社会的活動をはじめる」というかたちをとることになります。

だって、「誰も気がついてない床のゴミを拾う」わけですから、「あ、そんなところにそんなものがあったんだ……」という気づきから始まるのは当然のことですからね。

あなたが誰も気づかなかった「床のゴミ」を見つけ、それを拾ったことで、場が新しいフェーズに上がります。

そのフェーズにおいては、あなたがうるさく要求しなくても、あなたを「ハブ」にして、さまざまなものごとが動き出します。

健闘を祈ります。

# 第２章

# 働くということ

# 労働とは不自然なものである

**「働くことが生きがい」という人もいれば、「仕事は生活していくための手段」であって、できることなら遊んで暮らしたい、という人もいます。人間にとって「働く」とはどういうことでしょうか。**

「働くとはどういうことか？」

大切な主題なので、じっくり論じることにします。

働くこととは何か。それを定義してみましょう。

「それが何であるか」を実定的に定義するよりは、「それが何でないか」を詰めていったほうが話が早いということがよくあります。今回もその手を使ってみましょう。

「働くこと」、「労働」の対立概念は何でしょうか。それは「何でない」のか？

「怠けること」でしょうか？

なるほど、そういう二項対立もありそうです。

労働と無為。

でも、ほんとうにそうでしょうか。

よく考えてください。「無為」の対立概念は「有為」です。

もとは仏教用語ですけれど、ふつうの現代語の意味では「無為」は「価値のない、役に立たない」ということです。労働が無為の対立概念だとすると、労働は自動的に「価値のある、世の役に立つもの」だということになります。

でも、ほんとうにそうなんでしょうか？

例えば軍務というのは労働のひとつです。

軍務にまじめに取り組んだ軍人が、命令に従って粛々と人を殺し、都市を焼き払い、文明を消滅させたという場合、彼はたしかに「働いて」はいたわけですが、「世の中の役に立つことをした」と言えるでしょうか。

「役に立ったよ。〇〇人なんか皆殺しにしちゃえばいいんだ」（〇〇人にはお好きな集団名を入れてください）という人ももちろんいるでしょう。でも、自分がその○○人だった場合、自分を手際よく殺してくれる人たちのありようを「有為なふるまい」というふうには思えないでしょう。人によって「役に立った」「立たない」の評価が逆転してしまうような行為を「有為」として一括することはできません。

原発の設計をしたり建設をしたりした人たちだって、主観的にはずいぶん一生懸命仕事をしていたはずです。でも、事故が起きたあとには被害者たちから「おまえたちのせいで、私たちはたいへん不幸になった」と言われてしまうと、うなだれるしかない。

兵器産業に勤めるサラリーマンたちだって「労働」はしているわけですが、彼らが勤勉であったせいで、兵器の開発が進み、価格が下がって手に入りやすくなったりしたことで、そうでない場合よりもいっそう不幸な目に遭った人たちが世界にはたくさんいます。その人たちからはたぶん「よけいなことしやがって」と思われているでしょう。

だから、労働はそれ自体がつねに「有為」であるとは言いがたい。「労働しないほうがましだった」ということがあるわけですから。

無為は何も生み出さないかわりに、何も破壊しません。何も足さない、何も引かない。だから無為なんですから。

でも、労働はしばしば何かを破壊する「ことがある」。それも組織的、効率的に破壊する「ことがある」。

差し引き勘定をした人はいないでしょうけれど、労働が地球にもたらしたものは、とりあえず人間以外の動植物にとってみたら「はた迷惑」という以外のものではなかったことでしょう。地球環境のためにも、他の種の存続のためにも、どちらかといえば人類は「無為」であったほうがよほど「有為」であった、と。そういう逆説だって成り立ちそうです。

とりあえずそういうわけで、労働の対立概念は「無為」ではない、と。
そういうことにさせていただきます。

## 「労働」の対立概念は遊び？

では、改めて、労働の反対の概念は何でしょう？

遊び？

労働と遊戯。

なるほど、そう言われてみると言えないこともなさそうです。

でも、これもそう簡単には割り切れそうもありません。

例えば、僕なんか典型的ですけれど、いちばん楽しい時間の過ごし方は「本を読むこと・原稿を書くこと・合気道の稽古すること・映画を見ること」ですけれど、これはある意味でぜんぶ「労働」でもあります。

原稿書いて印税稼いで、合気道教えて月謝もらって、本読んでネタを仕込んで、映画見て・席ぶつわけですから、全部仕事と言えば仕事、遊びと言えば遊びです。

いったいどこから労働でどこから遊戯か、本人にだって判定できません。

逆の場合もあります。どんなに面白い本でも「書評の締め切りが明日」だから明日までに読まなくちゃいけないと思うと、なんだか面白くない。映画だってそうです。映画評を書かなくちゃならないというので観ていると、さっぱり楽しくない。原稿書きだって、放っておけば誰に頼まれなくてもぶんぶん書きまくるのに、締め切りが二つ三つ重なって編集者から「やいのやいの」と督促されると、奴隷に売られてガレー船を漕《こ》いでいるような鬱々《うつうつ》たる気分になる。

それなりに愉快に日々の仕事をしている人にとっては、どこから労働でどこから遊戯か、截然と識別することは限りなく困難なのであります。

「働くことと遊ぶこと」の間にデジタルな境界線はありません。

ときどき「オンとオフをきっぱり切り分けるのがオレ流」とか言うヤングエグゼクティブみたいな人（シャツの襟立てて、日焼けしていて、やたらにでかい時計はめてるやつ）が男性誌に出てきますけれど、僕の経験ではそういうやつはだいたい「オンでもオフでもいつでも厭味な野郎」です。仕事ができるかどうか知らないけど、「厭味な野郎」であることに変わりはありません。厭味な野郎に仕上がったという段階で、こいつの生き方は間違っているので、無視。

繰り返し言いますけれど、愉快に仕事をしている人間には「オンとオフのデジタルな境界線」なんかありません。仕事しているんだか、遊んでいるんだか、本人にもよくわからない。それはたぶんその生き方が「生物として理にかなっている」からです。「労働と遊戯の区別がつかない状態」がある種の理想であるならば、それをわざわざ切り分けて、「労働とは何か」などと力む必要はありません。

まっとうな労働には「遊び」の部分がつねに含まれている。

そういうことでいいんじゃないでしょうか。

だから、まったく遊戯性のない労働をすることは（ガレー船の漕ぎ手とか、ブラック企業で月100時間残業とか）、「生物として理にかなっていない」ということになります。「遊びの要素がまったく含まれていない」仕事は「労働」ではありません。ただの「苦役」です。できるだけ早く逃げ出したほうがいい。

## 人間はまず消費した

さて、どうでしょう。無為でもない、遊戯でもないとしたら、労働の対立概念はなんでしょう。皆さん、答えはわかりますか？

僕の考えを申し上げます。

「消費」です。

経済活動という枠組みで考えるなら、そう考えるのが一番適切です。労働は財貨やサービスを作り出すこと、消費はそれを蕩尽《とうじん》すること。ふつうはそう考えます。労働と消費を並列させる。でも、厳密に言うとそれは正確ではありません。

生物は「まず消費」し、ついで「労働」することを始めたからです。

人類史的起源を考えればわかります。

人類はまず消費するところから始めた。まわりの環境のうちから自分の身を養うものを取り出して、それを食べた。そこから始まった。

ライオンはシマウマを捕食しますけれど、これは「ありもの」を消費しているわけです。ライオンはシマウマを飼ったり、交配させたり、飼料を栽培したり、食べ残しの肉をマーケットで売ったりしません。

「ありもの」を食べて、それでおしまい。

自分たちになくてはならない食糧であっても、それを安定的に供給できるシステムを設計しようなんて動物は考えません。サメがイワシの養殖をすることも、アリゲーターが牛の品種改良をすることもありません。

今でも、人間以外の動物は消費しかしません。それを安定的に供給できるような生産様式や流通システムを工夫しようなんて考えません。あれば食べる、なければ飢える。それだけです。

それで済んできたのは、どれほど消費してもそれを上回る圧倒的な「自然環境からの贈与」が保証されていたからです。ときどきは飢えることもあったけれど、だいたいは食えた。

というか、「口に入るものはだいたいは食える」ような食性の動物しかきびしい淘汰圧を生き残ることはできませんでした（ヒラメの縁側しか食えないというようＤＮＡを受け継いだサメは一世代で消滅していたでしょう）。

そういうふうに消費だけでやってこられたのは、自然環境からの圧倒的な贈与があったからです。

その中にあって、人間だけが労働をした。

理由はもうおわかりですね。

人間だけが労働するのは、人間の消費する量が自然からの贈与分を超えたからです。

石器時代までは、自生するバナナを採ったり、川で泳ぐ魚をつかまえたり、野山の獣を狩ったりするくらいで食資源としては十分だった。狩猟や採取や漁撈(ぎょろう)は「労働」というほど体系的なものではありません。ですから、一日のうちのごくわずかな時間しか、そのために割《さ》きません。

石器時代の労働時間がどれほどのものであったかについては、レヴィ＝ストロースの『悲しき熱帯』を読むと想像がつきます。レヴィ＝ストロースが観察したのは１９３０年代のマトグロッソのインディオの集団ですけれど、彼らは新石器時代とほぼ同じライフスタイルを維持していました。食糧を集めるための労働は一日二、三時間くらい。あとはごろごろしているんです。おしゃべりをしたり、入れ墨を入れたり、髪を編んだり、呪術儀礼をしたり、昼寝をしたりして過ごしている。

労働は消費に相関します。逆ではありません。消費量が増え、消費する品目が増えれば、それだけ労働時間も労働の種類も増える。それだけの話です。自然からの贈与で間に合っていれば、人間は労働なんかしません。

労働の量と質を決定するのは消費の質と量です。

「ありもの」を拾い集めるだけでは食資源の安定的な供給がおぼつかない。だから、労働が始まった。

# 人間は生産することに疲れるのではない

労働はその起源においては「安定的に消費できる」ことを目的に始まりました。「安定的に」というところが重要です。たまに飽食できるが、たまに飢えることもあるというのでは困る。自然からの贈与は人間の側の都合では制御できない、だったら自然の恵みを人為によって制御しよう、そう思ったところから労働が始まりました。

よろしいですか、ここが肝腎なところですから、読み落とさないでくださいね。

労働の本質は自然の恵みを人為によって制御することです。

労働の本質は「生産」ではなく「制御」です。人間にとって有用な資源を「豊かにすること」ではなく、それらの資源の生産・流通を「管理すること」です。

これはとても大事なことなので覚えておいてください。

みなさんのお勤めの会社にも「ものを作り出す部門」と「管理部門」がありますね。

「オレたちが現場で額《ひたい》に汗して価値あるものを作り出しているのに、管理部門の連中は何も作らないで、ただ会議をしたり、書類を書いたりして、あれこれ指図ばかりしやがる」というような愚痴《ぐち》をよく耳にします。

でも、申し訳ないけれど、これは労働の本質を見誤った発言だと言わねばなりません。だって、語の本当の意味での「労働」をしているのは、何も作らない管理部門の方々なのですから。

それは彼らの仕事の本質が「制御」だからです。

僕たちの社会では、どんどん労働が強化されております。そういう実感を持っている方がとても多いと思います。

でも、考えてみてください。「労働が強化されたなあ、きついなあ」と思っていらっしゃる方の多くは「価値あるものをじゃんじゃん作り出しているので、疲れた」というふうには感じていられないんじゃないですか？

むしろ、みなさんの疲労感の原因は「どうしてこんな意味のない会議を何時間もやるんだよ」とか「どうしてこんなどうでもいいことをぐだぐだ書いた書類を期日までに提出しなければいけないんだよ」というタイプのものではないんですか？

「価値のあるものをたくさん作ってください」という要請に僕たちは疲れることはありま

せん。価値あるものをじゃんじゃん創り出しているせいで、製品がひとつ完成するごとに、それができるのを列を作って待っていた人たちから「おおお」と歓声が上がり、中には感極まって抱きついてきたり、感涙にむせんでいる人もいる……というような状況で「疲れた」という愁訴《しゅうそ》が口を衝いて出ることはたぶんありません。

僕らが疲れるのは「こういうスペック通りの価値あるものを、いついつまでに納品するように。遅れたらペナルティ課すからね」というタイプの要請に追いたてられているときです。

人間は生産することに疲れるのではなく、制御されることに疲れるのです。

現代社会では、どんどん労働が強化されていると労働者は実感しています。でも、それは労働時間の絶対量の増大によってよりむしろ、「生産から制御へ」のシフトの効果ではないかと僕は思います。

「生産から制御へ」という言葉の意味がわかりにくければ、こんな例を考えてください。

ここに100万円あったとします。その効果的な使い道について会議をすることになりました。結論が出ずにだらだら議論しているうちに、会議の弁当代で100万円使い切ってしまった……。

これが生産より制御を優先するときに起きることです。そして、僕たちの社会で今日々起きているのは、まさに「このこと」なのです。

人間が労働を始めたのは、衣食住の資源を「豊かに」享受するためではありません。「安定的に」享受するためです。だから、衣服ひとつをとっても、それを実際に自然の動植物から取り出して、織ったり編んだりして、「着られるもの」を作る「生産する人」(スリランカあたりで時給100円で働いている人たち)より、デザインを考えたり、工程管理をしたり、流通コストの削減案を考える「制御する人」のほうが何十倍、何百倍ものサラリーをもらうことになります。

現代の生産構造では、「無から有」を作り出すような労働をする人々が最下層に格付けされ、何も作らず、ただ「ありもの」を右へやったり左へやったりするだけの人が最上位に格付けされている。

そういうことです。

でも、それに「おかしいじゃないか」と文句を言っても始まらない。だって、これは昨日今日始まったことじゃないんです。労働というのは、もともと最初からそういうものだったからです。

すべては、自然からの贈与にだけ頼らず、自然からの贈与を安定的に制御しようとしたところから始まりました。新石器時代からテイクオフしたときから、ずっとそうなんです。

人間が何よりも求めたのはシステムの安定です。

だから、衣食住のための基本的な財そのものを生産するためのコストよりも、そのような財の生産を安定的に維持できる管理コストのほうに資源を優先的に配分するという「倒錯」が起きたのです。

## 経営者はなぜ自社製品が捨てられることを望んだのか

この倒錯は人類が労働を始めたそのときに同時的に発生しました。

ですから、ありていに言えば、労働というのはそれ自体が「不自然」なものなのです。

労働と自然は食い合わせが悪いのです。

生産コストよりも管理コストのほうを優先するという倒錯は、昨日今日に始まった話ではありません。人類が労働ということを始めた最初の瞬間からずっとそうだったのです。農作業に従事して、価値あるものを作り出している労働者よりも、彼らを監視したり、鞭《むち》で叩いたりする人間のほうが「いい服」を着て「いいもの」を食べているというのは、昔からずっとそうなんです。

何千人もの農夫たちが一年がかりで作ったものを王様とその取り巻きたちが一晩で蕩尽する。それが労働の本質なんです。ピラミッドを作ったり、万里の長城を築いたり、揚子江と黄河をつなぐ運河を掘らせたり、戦争したりするのが、労働の本質なんです。

軍隊に「督戦隊《とくせんたい》」というものがあります。戦闘のとき、安全な後方に待機していて、前線で戦っている味方の兵士が戦況が悪くなって退却してくると「前線に戻って戦え。戦わないやつは殺す」と言う係のことです。

味方の兵士を殺してしまったら、戦力は低下するに決まっているのですが、それでも殺す。軍隊においては、戦力そのものよりも、自軍の兵士に「やりたくないことをやらせる」強制力のほうがより本質的だからです。

管理というのはいわば督戦隊的な機能です。

労働について考えるときにいちばん大切なことは、この事実を見つめることです。労働は「安定的な供給システムの立ち上げ」が目的であり、そのシステムを流れてゆく財そのものの質や多寡《たか》には副次的な重要性しかない。

ひとりがカンヅメを作っているときに、「ちゃんとカンヅメを作っているかどうか監視するやつ」や「ちゃんと監視しているかどうか監視するやつ」などが無限に増殖してゆきます。最終的には、生産するのがひとりだけで、あとは全員監視しているという社会システムになるまで止まりません。そんな暇があったら、監視するよりカンヅメ作るの手伝えばいいのに……とみなさん思うでしょうけれど、そういうことは絶対に起きないのです。

こんな逸話《いつわ》があります。

むかしアメリカでたいへん出来のよい「じゃがいもの皮むき器」が作られました。どこの家の台所にも行き渡りました。でも、ひと通り行き渡ったところで、売り上げがぴたりと止まってしまいました。シンプルで頑健な作りですし、台所にひとつあれば十分ですから。困った会社はそこで一計を案じました。皮むき器のカラーリングを変えたのです。すると、売り上げがV字回復しました。皮むき器の色をジャガイモの皮と同じ色にしたら、人々が皮むき器をジャガイモの皮といっしょにうっかり捨ててしまうようになったからです。

これは労働の本質を表す話だと僕は思います。皮むき器は有用な道具ですが、経営者たちは、自社製品をみんなが使って便利に暮らすだけでは満足しませんでした。彼らにとっては生産ラインが安定的に稼働することのほうが重要だったのです。そのためには、まだ十分使える、価値ある自社製品がゴミ箱に投じられることを望んだのです。

それが労働ということです。必要なものを創り出す仕事よりも、不必要なものを創り出す仕事のほうがより労働としては本質的なのです。だから、高額のサラリーが給付され、高い社会的地位が約束される。

人類史とは「人間にとって必要なもの」を作り出す工程の高度化・複雑化のプロセスではありません。残念ながら。そうではなくて、「人間にとって必要なものを作り出す工程の管理」の高度化・複雑化のプロセスだったのであります。はい。

## 自然に近いところで働いてください

これで労働の話は終わりです。

でも、これで終わりではあまりに身も蓋もありませんね。せめて、では僕たちはいったいどうやって労働にかかわればいいのか、という話を最後にします。

僕たちが肝《きも》に銘じておくべきことは、労働は生物としての自然過程ではなく、倒錯だという原事実を見つめることです。

僕たちがしている労働のほとんどは「生産」のためのものではなく、「制御」のためのものです。僕がこうして文章を書いてるのも、何か役に立つためのものを「生産」しているとは言えません。

僕がしているのは、みなさんの手持ちの資源（身体や知性や想像力）をどうやって生物として最適なしかたで用いるか、「生きる知恵と力の使い方」についての情報の提供です。

やはり一種の制御技術です。

救いは、それが部分的に遊びであること。もうひとつは僕の労働が「それができるということ」が「いくら年収が増えるか」とか「どれくらい出世するか」というかたちで検証されるものではなく、「生物として生きる知恵と力が高まるか」ということを基準に成否の判定が下されるものだということです。

身体という自然に絶えず「これで、いいんだよね？」と自問しながら僕は労働していま す。そこからあまり離れないようにしています。

労働する限り、倒錯的であることからは逃れられません。でも、「激しく倒錯的であるか」「ちょっと倒錯的であるか」の違いは、五十歩百歩の違いではありません。ときにその違いは命がけのものになります。ですから、みなさんにもできるだけ自然に近いところで労働することをお勧めします。

この場合の「自然」は別に海や山や森の中という意味ではありません。ご自身の身体という自然の近くで労働してください。

その仕事をしていると、生きる力がなんとなく高まるような感じがする仕事をしてください。「生きる力がなんとなく高まる感じ」というのはご自身で直感的に判定する他ありません。

その直感力が無事に育ちますように。

## 組織の最適サイズ

「生きる力」が高まるような労働環境ということを考えると、「組織のサイズ」は重要であると感じます。あまりに大きな組織に勤めていると、自分の仕事がどのような意味を持つものなのか、見えづらくなってしまうような気がするのです。

社会集団について「最適サイズ」というものはあるのか。生物学的には「ある」ということになっています。

イギリスのオックスフォード大学の進化人類学（なんていう学問があるんですね）の先生にロビン・ダンバーという人がいます。その人が、共同体の最適サイズについて、ずばり「150人」という答えを出しています。

原始時代に狩猟や採取で暮らしていた頃、集団には3つのレベルがありました。最小の集団は食べ物を求めて移動するときの集団。これは30人から50人。狩猟集団の平均メンバーは約25人です。

最大集団は「部族（tribe）」。これは同じ言葉を使う言語共同体です。だから文化的なアイデンティティでまとまっている。部族のサイズは500人から2500人。

この小集団と大集団の中間に、「第三の集団」があります。氏族（clan）と呼ばれるものです。成人儀式など定期的な儀礼をともに行い、狩猟場や水飲み場を共同管理する。人類学的調査によると、この「氏族」の平均数が153人。どうも、この150という数が集団を形成するときのひとつの目安のようです。ダンバーさんは（勝手に）これを「ダンバー数」と名づけました。

## 「この組織は骨の髄まで腐っている」

ビジネスの組織論では、どんな組織でも、構成員が150人を超えると、とたんに効率が下がることが指摘されています。

150人までのサイズだと、専門的な管理部門がなくても自律的に組織が機能する。メンバー同士が顔見知りで、名前も人柄も知っているので、いちいち管理部門を迂回したり、伝票を起票したり、「ほう・れん・そう」とかしなくても、現場の個人から別の現場の個人にダイレクトで「あれ、お願いね」「おう」で話が通じる。

150人を超えたとたんに、組織の機能はがくんと低下します。さぼるやつが出てくるし、使い込みをしたり、ものを盗むやつが出てくるし。必ず。不思議なことに。だから、150人を超えると管理部門を作って、「自分は何も生産しないが、人が生産しているかどうかを見張る職務」を独立させないと、集団は動かなくなります。

管理部門は、無駄と言えば無駄なわけです。何も創り出さないんですから。でも、この管理部門の人たちというのは、自分たちが価値のあるものを何も創り出していないということを無意識には感じ取っていて、それに対する「やましさ」を感じています（無意識に、ですけど）。

ですから、「自分たちが役に立っていないわけではない」ことを証明するために、必死になります。

現場でものを作っている人たちは、「自分たちが役に立っていないわけではない」ことを証明するために、質のよい仕事をして、みんなが喜ぶことをめざせばいい。

でも、管理部門の目的は逆なわけです。

彼らが役に立っていることを証明できるのは、たったひとつの場合だけだからです。それは、「管理部門が機能していないと、さぼったり、使い込みをしたり、盗んだりする人が出てきて、みんなが困る」ことを証明しないといけない。

つまり、生産部門は組織がうまく機能していることを喜ぶわけですが、管理部門は「組織がうまく機能してないこと」を証明することが存在理由を基礎づける最優先事項になる。「うまく機能していない組織を立て直して、まともなものにした」ことだけが管理部門の手柄になるわけですから、その前段としての、「現場はオレたちが見張っていないと、何をしでかすかわからない」という状況判断がひろく定着していることが必須になります。

だって、現場が管理部門抜きでもくるくる活動していたら、管理部門はもとより不要のものだからです。つまり、管理部門は何よりも「組織が機能していない」ことを願う。そこからしか彼らの仕事が始まらないから。

逆説的なことですけれど、そうなんです。

だから、必死になって「アラを探す」。

「金棒曳《かなぼうひ》き」というのは、現代ではもうほとんど死語ですけれど、「そういうやつ」のことを言います。規則を守らないやつ、指示に従わずに勝手に自己裁量するやつ、公私混同するやつ、そういう人たちがまず管理部門の標的になります。

「規則に従え」「マニュアル通りに行動しろ」「伝票を出せ」「上司の承認を得てから動けない」「まず機関決定しろ」などなど。これが管理部門の決めゼリフですが、これらはよくみると、必ずしも組織に実害を与えていることを意味しません。というより、150人以下の、自律的に動いている組織体では、むしろそのほうが常識です。

150人以下の組織では、頻繁《ひんぱん》に会議を開いたり、上司のハンコがもらえないとものごとが動かないとかいうことがありません。臨機応変《りんきおうへん》、現場処理。他のメンバーの協力が必要なときは、直接頼めばいい。

そういう動きは管理部門から見るとすべて「規則違反」になる。ですから、「この組織は骨の髄まで腐っている」と管理者はうれしげに宣言します。

メンバーたちの間の「阿吽《あうん》の呼吸」とか「何をあれしといて」「おうよ」的なやりとりは全部禁止されます。代わりに定時の出退社を求め、ユニフォームの着用を強制し、朝礼で「社歌斉唱」させ、上意下達の官僚組織を創り出してしまう。

管理部門がそうやって現場の創意工夫やイノベーションを全部抑え込んでしまうと、あちこちで組織の壊死《えし》が始まります。フリーハンドで好きなことをやりたいという人たちはひとりまたひとり組織を去ってゆく。管理部門の大好きな「沈香《じんこう》も焚《た》かず屁《へ》もひらず」タイプの事大《じだい》主義者たちだけが残り、組織は生命力を失い、しだいに硬直化し、ある日土台から崩壊する。

そういうものです。

だから、実際に成功したビジネスマンは一作業所の集団構成員数を150人に抑制しているそうです。150人を超えたら、組織を二分割して、事業所を分けてしまう。

そのほうが一箇所に固めておいて、「効率化」とか「合理化」をするよりも、組織全体としてのパフォーマンスは高い。

そういうものなんです。頭のいい人は直感的にそういうことはわかるらしい。

## 軍隊にだけ残る知見

軍隊の最小独立部隊は中隊ですが、これは3個戦闘小隊と司令部と支援部隊で構成されています。戦闘小隊が30～40人で、中隊全体で150人。軍事行動の基本単位が中隊サイズというルールは、ローマ時代の「百人隊（cenruria）」から現代までほとんど変わりません。

オーギュスト・ブランキが組織した革命組織「四季協会」は暦をベースにしていました。最小単位の小隊は7人で編成された「週」。四つの「週」で「月」中隊を構成します。3個「月」中隊で「季節」大隊。そして四季が揃って「年」。

2個季節大隊で168人ですから、戦闘単位としては切りのいい数字になります。実際に四季協会は1839年にパリの警視庁を襲っているのですが、そのときにどういう戦闘単位で行動したのか、ちょっと興味がありますね（ブランキ研究者の方、ご存じでしたらご教示ください。「全体を二つにわけて」という指示がどこかにあったとすれば、ここでもダンバーさんの指摘が正しかったことになります）。

四季協会の最小単位である「週」の7人というのは『七人の侍』や『荒野の七人』や『黄金の七人』で証明されているとおり、ある程度以上の規模の社会的行動をとることのできる最低数です。

日本を代表する効率的戦闘集団と言えば、新撰組ですが、これが10の戦闘単位に分割されており、各隊の構成員はだいたい10名でした。そして、局長副長を入れた隊士総数が150名前後。新撰組はまさにどんぴしゃ「氏族」サイズだったわけです。近藤勇や土方歳三は過たず人類学的正解を選択していたのでした。

経験的に言っても、150人というのが、人間が効率的な社会的行動をとることのできる基本数のようです。ですから、150人を基礎単位として、それを積み上げてゆくというのがたぶん人類学的に合理的な組織論なのでしょう。

「だからどうした」と凄まれても困りますけれど、今の日本で公的なシステムの制度設計のやり直しをめざしている人たちのうち、この「150人ベース」という実践的叡智を踏まえて組織論を考えている人がどれほどいるでしょうか。

ほとんどいないんじゃないかと思います。

というのは、彼らが組織について考えているのは、「人数」ではなくて「人件費総額」だからです。できるだけ少ない人数で、できるだけ多くの作業を仕上げるような組織づくりが「ベスト」だと信じている。人件費ゼロで巨額の収益が期待できるようなビジネスモデルを思いつけば、それこそがビジネスの理想だと思っている。

今の日本の雇用環境はとめどなく劣化していますけれど、その理由は今の日本の経営者が「組織論」というものを考えないからだと僕は思います。

組織論というのは「生き延びるための集団づくり」の知恵のことです。かつて森から出て、樹上から下り、草原に住み始めた霊長類たちが集団の最適サイズを選択したのは外敵から身を守るためでした。構成員の心身のパフォーマンスが最大化するのは、どのようなサイズの集団においてか。人類の祖先たちはそれを考え、答えを見出した。

でも、そのときに見出された組織論的知見は今では軍隊にしか残っていません。もう親族共同体にも、地域共同体にも、企業にさえ残っていない。軍隊だけなんです。そこだけは、今でも、集団構成員の全員が生きる知恵と力を最大化できるかどうかということと、ひとりひとりが生き延びられるかどうかの間にはっきりとした相関があることがわかるからです。軍隊では、仲間のパフォーマンスが下がることはそのまま自分の生死に関与してきます。だから、どんなかたちであれ、戦友の戦闘能力を引き下げるようなふるまいをすることは厳に禁じられている。

自衛隊では先般「いじめ」による自殺者が出て問題になりました。「戦友」に心理的・身体的ストレスをかけてパフォーマンスを低下させ、ついには自殺するまで追い込むようなことは臨戦体制ではありえないはずです。「猫の手でも借りる」という戦闘の組織論が自衛隊では徹底していないという事実に、僕はかなり衝撃を受けました。それは「生き延びるための組織原理」によって編制されるべき「軍隊」にまで、「競争のための組織原理」が入り込んでしまったことを意味するからです。

## それはヒヒよりも愚かなふるまいです

僕たちの住む社会では、ほとんどの組織は「ともに集団を構成する人々の能力が低ければ低いほど、自分の利益が増える」ように組織が設計されています。

受験勉強というのが、その代表例です。同学齢集団内部での相対的な優劣を競うこの競争では、自分の得点を上げることと、他人の得点を下げることとは、結果的には同じことです。だったら、競争相手の能力を引き下げるほうがはるかに費用対効果がいい。自分の学習努力は自分ひとりにしかかかわりませんが、まわりの級友の「やる気」を損なう行動は（騒いだり、立ち歩いたり、「勉強なんか、やってらんねーぜ」という言い分に同意を求める、などなど）一度に40人くらいの学習を妨害することができるからです。

だから、今の日本社会のように、「狭い集団内部で有限の資源を奪い合う弱肉強食の競争こそがリアリティなのだ」と信じている人たちが多数を占めるようになると、みんながお互いの生きる知恵と力の発達をどう妨害するかを競うことになります。

その「むしりあい」に勝利すると、たしかに一時的に「賞品」は手に入ります。

でも、そろそろ気づいてもいいと思うけれど、「自分以外の集団構成員が愚鈍で無能であるほど、自己利益が増大するというルール」で構成された組織は、しだいに全体としても「愚鈍で無能なもの化」してゆきます。勝者の手に入る「賞品」もどんどん数が減り、みすぼらしくなってきている。いきおい、人々はお互いを無能化・愚鈍化する競争にさらにのめり込み、組織はいっそう貧弱になり、「賞品」はますますしけたものになってゆき、やがてゼロになる。そのとき、あたりを見回すと、そこにはもう「集団」と呼べるようなものは残っていない。

現代日本人は今まっすぐにそういう「集団の弱体化」プロセスを歩んでいます。閉鎖集団の内部で、お互いの能力を下げ合い、お互いのエネルギーを空費し合い、お互いの意欲を殺ぎ合っているうちに、集団そのものの生き延びる力はどんどん劣化している。それが日本の現状です。それは森からサバンナに生息地を移したときのヒヒよりも愚かなふるまいです。ヒヒたちだって、自分たちを捕食する「外敵」と戦うときには、仲間たちの戦闘能力が最大化することを必死で願ったはずだからです。でも、今の日本人はそれを願うことさえしなくなった。だから、ヒヒ以下だと僕は思うのです。

## すべては生き延びるために

私たちは何のために集団を形成して暮らしているのか。

それは集団内部で相対的な優劣や勝敗を競って、有限の資源を傾斜配分するゲームをするためではありません。

生き延びるためです。さまざまな危機を乗り越えて生き延びるためです。

そのためには、ともに集団を形成する「仲間たち」が、知性において、感受性において、身体能力において、それぞれに固有の異能において、ポテンシャルを開花させ、その生きる知恵と力とを最大化してくれることがどうしたって必要です。

組織論はそのためのものです。

どういう組織であれば組織構成員たちひとりひとりの能力が最大化するか。それが組織論のすべてです。

どういう国家形態が望ましいのか、僕に理想的な国家像があるわけではありません。でも、国家の組織論は、「みんなが上機嫌で、それぞれの個性的才能を十全に開花できるような集団の様態はどのようなものか？」という問いのかたちをとるべきだろうということはわかります。

けれども、いま巷間《こうかん》で「改革」とか「効率化」といってもてはやされている組織再編の企てのほとんどは、単なる管理部門への権限の集中に過ぎません。

ですから、こういう連中が旗を振っている「改革」は宿命的に失敗に終わるだろうと僕は思っています。

## 会社とは「戦闘集団」である

**昨今、ブラック企業の問題が取り上げられるようになりましたが、その一方で大企業であれば安心、というほど話は単純ではないように感じます。多くの人が会社組織に所属する現代において、私たちはどのような会社、あるいは組織を選ぶべきでしょうか。**

「会社」というもののあり方はもうこの50年ですっかり様変わりしてしまいました。１960年頃のサラリーマン映画（森繁久彌の『社長漫遊記』シリーズとかクレージーキャッツの『無責任』シリーズとか）の登場人物たちが「会社」というときのニュアンスはもう現代のサラリーマンにはほとんど共感不能でしょう。

森繁主演の『サラリーマン忠臣蔵』（１９６０年、東宝）という映画があります。

赤穂産業の浅野社長が丸菱銀行の吉良頭取と女の子を取り合って意地を張り合い、気の短い浅野がかっとなって吉良を殴打、財界人としての立場を失ったばかりか、失意のまま交通事故に遭《あ》って急死してしまいます。その後任に赤穂産業に乗り込んで来た新社長が吉良。浅野社長を慕う部下たちが次々左遷される中、事件のとき海外にいた浅野直系の大石専務は戻って来ても「仇討ち」の企画をするでもなく、「バー祇園」に入り浸《びた》って無為の日々を送ります。吉良に報復することはできないのかと浅野派の社員たちが絶望する中、機は熟したと見た大石は新会社を設立し、吉良との全面戦争に踏み切る決意をする……というお話です。

まるごと『忠臣蔵』なんですけれど、江戸時代の「藩」の出来事と、「藩士」たちのメンタリティをそのまま現代に移し替えても、「観客みんなが共感できるお話」でした。

１９６０年までは、江戸時代とほとんど地続きだったということです。

# 会社には「母」がいない

さて、今、例えばソニーとか日産自動車とかユニクロとかを舞台にしてこれと同じ映画を作ることができるでしょうか？

カルロス・ゴーン社長の経営失敗を咎《とが》めて失脚に追い込んだヘッジファンドの各国の投資家たちに報復するために、日産自動車の専務や研究開発部長と営業所長が立ち上がった……という話にリアリティを持たせることは絶望的に不可能でしょう（でも、誰かが作ってくれたら見ますけど）。

それはもう「会社」が「藩みたいなもの」ではなくなっているということを意味しています。

よく旧来の「終身雇用・年功序列」型の会社組織は「疑似家族」だと言われます。

でも、僕の印象では、会社を「親族」の変種ととらえるのはちょっと無理がある。それよりは、渡世人における「一家」、あるいは江戸時代までの「藩」のほうが近いように思います。

家族と「一家」「藩」との違いは何でしょう。

家族にいて、「一家」や「藩」にいないものは何か？

1分あげるので、考えてくださいね。


はい、1分経ちました。

答え、わかりましたか？


「母」です。

一家や藩には「母」がおりません。

一家の長は「おやっさん」と呼ばれます。でも「おやっさん」の配偶者は「おっかさん」ではありません。「姐《あね》さん」です。女性は「父の審級」に存在することができない。「藩」の場合も同じです。日本史上、「女帝」はいくたりも存在しますが、「女君主」は存在しません。それは「一家」や「藩」が発生的には相互扶助組織であるより先に戦闘組織であったことに由来します。「会社」というのはかつては（1960年代までは）「父性原理」によって統合された組織でありました。

だから、その本務は「生産」というよりはむしろ「競争」にある。

先ほど挙げた『サラリーマン忠臣蔵』における浅野産業が好個の適例であります。浅野産業は商社ですから、人が作ったものを右から左に流して口銭をとる商売で、自社では何も作っていません。だから、ここで働くサラリーマンたちの本務は「情報戦争」「産業スパイ」（銀座のバーのおねえちゃんたちからライバル企業の内情を聞き出す）「契約書の記載漏れの発見」「法律の自己都合解釈」などなどというずいぶん世知辛いものになります。サラリーマンの「戦い」なのですが、黙々と愚直に「質の高い品物」をお客様にお届けするべく額に汗して労働している場面がクライマックスに来るということはまずありません。クライマックスは取締役会の席で主人公が「あっと驚く隠しカード」を切って、一気にライバルを蹴り倒すという話になる。だいたいそうです。

「会議」の場面で勝敗の帰趨《きすう》が決するって、考えてみたら、かなり不思議な話ですよね。何かを作って、売って、それで稼いでいるはずの商売で、ついに最後まで「商品」が姿を現さないんですから。

ここではもう「商品」は「戦い」を正当化するための「口実」でしかありません。たぶん、ビジネスにおける「会議」って、前近代における「会戦」に近いものなんでしょう。

だから、ビジネスマンは会議が好きなのかもしれませんね。

話を戻します。

半世紀ほど前まで、会社は「親族」というよりはむしろ「博徒一家」や「藩」に類する「戦闘集団」に近いものであった、と。

だから、そこでは父性原理・男性原理がつよく働いていた。

ここまではよろしいですね。では、その先に進みます。

## グローバル企業は「戦闘集団」ではない

父性原理・男性原理の根本をなすのは「復讐の原理」です。

やられたら、やり返す。

それがフェアネスであり、それが正義である。これが装飾的修辞をはぎ取って言えば、戦闘集団の「本質」です。血の復讐。

だから、『昭和残侠伝』でも『日本侠客伝』でも『仁義なき戦い』でも、一家の身内が「まるで家族のように仲良くしている場面」の後にそういうものをすべて血で染める「修羅場」が来ます。

修羅場が続いて、最後に「一家団欒」の笑い声で終わるヤクザ映画というのを、僕は見た記憶がありません。

ということは、これらの集団においては「集団が調和的に統合されていること」は組織目標ではなく、「集団が高い戦闘力を発揮すること」が組織目標であるということです。

つまり、半世紀ほど前まで、近代日本資本主義における「会社」というのは「生産のための装置」であるよりむしろ「戦闘のための装置」であった。という仮説を僕は立ててみたいと思います。

ここまで来るのにえらい字数を使ってしまいましたが、ご容赦《ようしゃ》ください。でも、その前提を飲み込んでもらわないと、どうして現在のグローバル企業が「戦闘集団」ではなくなっているのかということの意味がわからなくなります。

若い皆さんが会社に何となく「一身を託す」気になれないのは、企業が「戦闘集団」ではなくなってしまったからです。

よく聞いてください。逆じゃないんですよ。

グローバル企業はもうかつてのような「戦闘集団」ではありません。外見からは企業はきわめてアグレッシヴな「戦闘集団」のように見えます。でも、違うんです。

極道の一家と今のグローバル企業を比べると、よくわかります。

僕の友だちで「昔極道だった」という人がいます（その前は極左だったという、「振れ幅の広い」方です）。

その人は政治闘争から離脱して、故郷も家族も捨てて、東京のスラム街で暮らしているうちに屋台を引いて商売をするようになり、やがて縁あってとある博徒一家に草鞋《わらじ》を脱ぐことになりました。

そのときのことを回想して、彼はこう言っておりました。

「そのときね、ほんとに何年ぶりかで、自分には親と兄弟がいる、という安心感がしたんだよ。オレが誰かにやられたら、それがどんな相手であれ、兄弟たちが一斉に押っ取り刀で報復に駆けつけてくれるということがはっきり実感できたから」と。

彼によると、極道が肩で風切って街を歩けるのは腕力にそれほどの自信があるからではないんだそうです（だいたい暴飲暴食してるし、夜更かししているし、身体にいいことあまりしてないからひとりひとりを見ればそんなに腕力があるわけでもない）。でも、誰にやられても、その相手には即時、ピンポイントで組織的な報復がなされることは確実です。自分が傷つけられると、他のメンバー全員も「傷つけられた」気分になる。この痛みの共有というか、「共傷性」（co-vulnerablity）、それが組織の統合力と戦闘力を担保する。

アメリカの海兵隊がそうですね。

海兵隊の戦闘力が群を抜いているのは、あの組織では「何があっても前線に戦友を残してゆかない」というルールが徹底されているからだそうです。

必ず救ってもらえる。

「二階に上げて梯子《はしご》を外す」ということが絶対にないと信じられれば兵士たちは敵陣深く突っ込んでいける。

このとき戦闘集団の戦闘力を支えているのは「信頼」なわけですけれど、それは戦友たちの個別の人間性への信頼というよりは組織を貫く「共傷性」というルールに対する信頼なのです。

ところが、現在の日本のリーディングカンパニー、とくにグローバル化している企業はもう「共傷性」というルールを有していません。

社内でも社外でも、ひとしくメンバーは競争にさらされています。銃弾は前からも飛んでくるし、後ろからも飛んでくる。内外のプレイヤーのうちでもっとも強い個体を選別するゲームがエンドレスで続く。そういうふうにしたほうが「集団の戦闘力は上がる」という信憑《しんぴょう》があるので、そういうルールでゲームが行われているのでしょう。

確かにそうかも知れません。

そういう企業では、「戦場」でもし傷を負ったら、隊列が前進するにせよ、退却するにせよ、負傷者は仲間からは見捨てられる。そういう非情なルールが採用されている。

ひどいルールです。

どうしてこんなひどいルールが採用されているかというと、このゲームのほんとうのプレイヤーは「戦場にいない」からです。ディスプレイの前や会議室で株や外貨や金融商品の売り買いをしている人たちがゲームの「ほんとうのプレイヤー」です。

国と国との戦争でも、たしかに戦争指導者ははるか後方の会議室にいます。でも、彼らは自国が敗北するときにはその責任を取らなければならない。

投資家たちは違います。

彼らは別に会社と一蓮托生《いちれんたくしょう》で運命を共にする気なんかありません。株価が上がると思ったから株を買い、下がると思ったら売る。それだけのことです。戦いそのものの勝敗に意味があるのではなく、「株価の高下を予見できる能力」にのみ意味がある。

ですから、そういう能力を持っている人間ならこのゲームで勝ち続けるということが可能です。伸びそうな企業の株を買い、落ち目の企業の株を売る。そのすべてが的中するということは可能性としてはあります。このゲームでは、「どんなことがあっても傷を負わない人間、誰が傷を負っても共感しない人間」が真の勝利者、the last standing man であるように会社ゲームは設計されています。

ですから、『サラリーマン忠臣蔵』的な会社が存在しなくなったのは当たり前なのです。グローバル企業の活動においては、傷ついた仲間の「仇を討つ」という発想は誰もしません。傷ついたのは自己責任ですから、それは「自助」に委ねる。それよりみんな「自分だけでも生き残る」ために必死です。

the last standing man はその語の定義からして「ひとり」だけです。あとは全部途中で脱落する。

それだけ非情なのは、会社のゲームは戦争と違って、脱落しても、金や地位を失うだけで、死ぬ訳ではないからです。系列会社に出向させられたり、職場いじめに遭ったり、離職転職を繰り返したり、失職したり、鬱になったり、ホームレスになったりする「だけ」です。

ひどい人生ですけれど、殺されるわけではありません。

だから、いくらでも残酷になれる。

そういうゲームなんです。今やっているのは。

## 「家族的な会社」を選んではいけない

では、いったい若い人たちはこれから会社というものとどうつきあったらいいのか。選択肢はいくつかあります。

その一。まだこの世に残っている数少ない「まともな会社」を探す。

「一家的」「藩」的な会社です。ただし、家族的な会社ではありません。そこのところはご注意くださいね。父性原理・男性原理で貫かれているために、どうやって全員の戦闘力を高めるかを全員が工夫するような組織。それを探す。

『七人の侍』のような集団がそのプロトタイプです。そういう集団は実は「強者連合」ではありません。必ず中に「幼くて、非力で、使い物にならない若造」を含んでいる。

それはその組織の「弱点」であるその「若造」をみんなで守る、なんとか生き延びさせるという目的を設定すると、組織のパフォーマンスが劇的に向上することが経験則として知られているからです。

『七人の侍』の場合は、勝四郎（木村功）がその組織的弱点です。あとの6人は「自分たちはこれまでどこで死んでもおかしくないほどリスクを冒してきた。これからここで野武士と戦って死んでも悔いはない。でも、若い勝四郎だけにはまだ生き続けてほしい」、そう考えています。

その「守るべきものがある」というマインドが彼らの戦闘能力を高めている。

というのは、自分たちがここで野武士と戦って野垂れ死にしても、その戦いのありさまと死に様を記憶し、語り伝えてくれる人がいると思うと、なんだか元気が出る。

あと何年か何十年かあとに、自分たちの墓に手向けられる「頌歌《しょうか》」を彼らは妄想的に先取りしているのです。

その「伝説になったオレ」を妄想することで男たちは戦闘力を高めることができる。戦闘集団が、必ず「オレたちが死んでも、生き延びなければならない若者」を組織に加えるのは、そのもたらす効果が経験的に知られているからです。

『タワーリング・インフェルノ』とか『ポセイドン・アドベンチャー』とか70年代までのパニック大作では、必ず主人公は「足手まといになる子どもや老人」を背負って逃げていました。「足手まといになるから弱者は捨ててゆく」という選択をした人間はみんな死んでしまい、弱者を救うことを行動目標に掲げたものたちだけが生き延びることができる。

そういう話を僕はうんざりするほど映画で見ました。その頃のハリウッドでもそろそろ「こういうこと」をちゃんとアナウンスしておかないとまずいことになる、という直感が働いたのかもしれません。

もうこの10年くらい、「そういう話」はハリウッド映画では見たことがありません。「強者連合」が勝ち残るというお話だけになりました。

困ったものです。

話を戻しますね。

みなさんが入るべき会社があるとすれば、それは「集団の戦闘力を高めるためには、何をすればいいのか」ということを熟慮《じゅくりょ》した末に、「未来を託すために、若い人を大切にする」という経験則を発見したところです。

社員を「代替可能《だいたいかのう》の資材」（「キミの換えなんかいくらでもいるんだ」）とみなすようなところや、社員そのものを「食い物」にするところがたくさんあります（「何？　今月の売り上げがノルマに達しなかった？　じゃあ、親や親戚に売ってこい」）。

とりあえず、離職率の高い企業と、労災訴訟の多い企業には絶対に近づいてはいけません。

さきほど、「家族的な会社」は危険だと書きましたけれど、ブラック企業には「雰囲気はやたら家族的」というところがけっこうありますからご用心ください。

みんな陽気で、大声を出して、肩をばしんと叩いて、「さあ、ラーメン食ったら、サービス残業しような！」とか「日曜は課長の引っ越しの手伝いだから、全員朝6時に集合！」というようなところです。

「名ばかり管理職」というのも、いかにも家族主義的な発想ですね。

「うちの会社には雇用－被雇用というようなドライな関係はないんだぜ。みんな家族、みんな仲間、みんな運命共同体なのさ。さあ、体力の限界まで自己犠牲しようじゃないか」

そういうところには近づいてはダメですよ。

お勧めするなら、あくまで「父性原理・男性原理」、「共傷性」のルールで貫かれた集団でなければなりません。

## キャリアへの道は無数に開かれている

その二。自分で会社をつくる。

僕も若い頃に会社を作りましたが、あれはいいものですよ。なにしろ、自分でルールを決めることができるんですから。自分で「こういう会社があったら勤めたい」と思う会社を設計する。成功するか失敗するかには時の運が絡んできますけれど、やってみるだけの甲斐はあると思います。

その三。会社というものと関係をもたない生き方をする。

これもいいですね。

農民とか樵《きこり》とか漁夫とか職人とか遊行《ゆぎょう》の芸能民とか宗教者とか武道家とかミュージシャンとか小説家とか。

いくらでもあります。

今の若者たちは「新卒一括採用」というルールに縛られていて、そこから脱落したら「人生おしまい」というような恐怖を植え付けられています。

でも、ほんとうはそんなことないんです。キャリアへの道は無数に開かれている。それを限定してみせているのは企業の人事と就職情報産業の「仕掛け」です。わずかな求人のところに求職者が殺到すれば、それだけ「能力の高い若者を低賃金で雇える」からです。

若い人たちの就職先が「ばらける」ことを企業は恐れています。だから、学生たちには「就活」でリクルートスーツを着て、「新卒一括採用」以外にキャリアパスは存在しないと信じ込ませようとしている。

そんなわけないじゃないですか。

若い働き手を求めている職場なんか日本中に無数にあります。資格も免状も要らない。

身体ひとつで来てくれればいいというところがいくらでもある。

でも、そういうところについての適切な就職情報は誰からも提供されません。「サラリーマンになる以外にも無数のキャリアパスがある」という情報を若い人たちが知ることは、企業の人事にとってきわめて不利な事態だからです。だから、情報が遮断されている。

それは国策でもあるのです。

ブラック企業の経営者がどうして政府の教育行政や経済政策に対してあれほどの影響力を行使できるのか、考えたことがありますか？

若い人たちの雇用条件をできるだけ切り下げるという彼らの狙いが日本の国策と一致するからです。

それによって企業は人件費コストを大幅にカットすることができる。企業の収益が上がる。国際競争力が高まる。市場のシェアが増える。株の配当が増える。いいことづくめです。

ひとつだけ困るのは、若い人たちの賃金が安過ぎ、労働時間が長過ぎて、消費活動が十分には行われず、結婚も出産もできないので、国内市場が不可逆的に縮小することです。でも、それは海外に市場を求めることでクリアーできる。日本はもうマーケットとしては魅力がない。そんなところで気長に「次世代の担い手」なんか育成しても始まらない。必要な人材はその気になれば東アジアからいくらでも調達できる。経営者たちはそう算盤《そろばん》を弾いています。

そういう経営者たちがどんどん増えている。というか、そういう経営スタイルでないと、国際競争に勝てないというのが今の日本では「常識」になりつつあるからです。だから、「会社」とどうかかわったらいいのかという問いに対しては、あまりはかばかしいお答えができません。かかわるにせよ、かかわらないにせよ、「これでうまくゆきます」という一般的な解をお示しすることができないからです。

若者たちがこれほど不利な雇用環境に投じられたことはかつてありません。どうすれば生き延びられるか、誰も答えを知りません。みなさんひとりひとりが自分の直感を信じて行動するしかないでしょう。

# 「やりたいことをやる」だけでは人生の主人公になれない

今の若者は「やるべきこと」「やりたいこと」に関心を持つけれど、自分が「やれること」にはあまり関心を持ちたがらないようです。しかし、これからの世の中で生き残るために必要なことは、「自分は何をやれるのか」を知ることではないでしょうか。

この問いの中で私がいちばん興味を惹かれたのは、今の若者は「やるべきこと」「やりたいこと」には関心があるが、「やれること」には関心がない、という対比における助動詞の使い方でした。

これはなかなかいいところを衝《つ》いています。

英語で書いたら should と would like to と can ですね。「ねばならぬ」「したい」と「できる」の対比です。ちょっと古めかしい文法用語で言うと、「当為《とうい》」「願望」と「可能」です。

ざっくり言い切ってしまうと、次のようなことになります。

動詞に「当為」と「願望」の助動詞をつけて話すのが「子ども」で、動詞に「可能」の助動詞をつけて話すのが「大人」である。

## まず欠如があり、「私」はその後に登場する

では、いったいこの二種類の動詞群の違いはどこにあるのでしょう。どうして、「可能」の助動詞を使える人間だけが「大人」に類別されるのでしょう。

私の解釈を申し上げます。

「自分がやらねばならぬこと」「自分がしたいこと」というのは個人的なことがらです。それに対して「自分にできること」は公共的なことがらです。「個人的なことがら」とい

うのは、ひとことで言えば、他人の同意や参与ぬきで自己決定できることです。「公共的なことがら」というのは、他人の同意や承認ぬきでは決定できないことです。

違いはわかりますよね。

「当為」と「願望」を成り立たせるのは、私念です。「自分はそう思う」それだけで十分です。「私は朝の六時に起きねばならぬ」「私はイカ墨《すみ》スパゲッティが食べたい」というようなことを言う人がいれば、こちらは「ああ、そうですか」と言えばよろしい。「ま、好きにしたら」です。

当為がめざすのは「自分に対する期待を自分で達成すること」です。願望がめざすのは「自分の欲望を自分で満たすこと」です。自分が主語の動作の目的が自分自身なのです。再帰的な動作と言ってもよい。

でも、「可能」はそうではありません。

「私には『これ』ができます」という申告は、「これ」ができる人が求められている場におい てしか意味を持たないからです。

「可能」というのは、他者の期待を私が満たす、隣人の求めに応じる、というときにしか意味を持たない。

「私は英語が話せます」という能力の申告は、「誰か英語が話せる人いますか?」という求めがあるところでしか意味をもちません。

まず「ニーズ」が示され、その後に「可能」文は発語される。「可能」というのは、要請があった後にはじめて主題化する。まず場が与えられ、それに対して私が反応する。そういう順序の中ではじめて「可能」という助動詞は意味を持ちます。ニーズがないところで「私ができること」をいくら列挙しても、それは空語です。

目覚ましが鳴ったときに、ベッドの中で「さ、起きなくちゃ」とか「ああ、もっと寝ていたいなあ」というような言葉をひとりつぶやいても、それはきちんと意味を持ちます。というか、そういう使い方がふつうなんです。当為や願望は自己完結できる。

でも、目覚ましを聴きながら「私は朝の六時に起きられます」と言い切るというようなことは、ふつうしません。変だから。誰も聴いてないから。意味ないから。

「……できる」という命題は、その行為を要請する誰かがいないと発されない。発しても意味がない。

これでももうおわかりですね、「子ども」と「大人」を分岐する境界線がどこにあるのか。

「大人」というのは、自分が何ものであるか、自分がこれからどこに向かって進んでゆくのか、何を果たすことになるのか、ということを「自分の発意」や「独語」のかたちではなく、「他人からの要請」に基づいて「応答」というかたちで言葉にする人のことです。

これはすごく大切なことです。

「可能」の文が意味をもつためには、いくつかの条件があります。

(1)他者がいる。

(2)その他者が何かを欠如させ、それが満たされることを求めている。

(3)「あなたの欠如を満たすもの、それは私である」という名乗りがなされる。

これだけ条件が整わないと「可能」文は語れないのです。

この三つは、それによって「人間の社会」が始まる基本条件のようなものです。たぶん、これが人間が人間であるための基本条件なのです。

哲学的な言葉づかいで言えば、それは「飢えているもの、乏しきものとしての他者の切迫」、「その飢えを満たし、贈与するものとしての『私』の立ち上げ」という表現に置き換えることもできます。

いささか難渋な言い方ですけれど、これは、私の哲学上の師匠であるエマニュエル・レヴィナス先生のお言葉を、少し私ふうに書き換えたものです。

他者でも、隣人でも、それが私の視野に、私の可聴範囲に、私が触れることのできるエリアの中に登場するのは、つねに「何かを欠いたもの」としてです。

「他者とは寡婦、孤児、異邦人である」。

レヴィナス先生はそう言われておりました。配偶者のいない人、保護し扶養してくれる人のいない人、身よりもなく、知り合いもおらず、言葉も通じないで途方に暮れている人、そのような人が「他者」である、と。

これはよく考えると、不思議な定義ですね。

「他者」というものがまずいて、その人に配偶者がいたり、いなかったり、親がいたり、いなかったり、故国にいたり、異郷にいたり、いろいろな様態を取るという話ではないんです。愛してくれる配偶者のいるもの、保護養育してくれるものがいるもの、友人知人に囲まれて不安なく暮らしているものはとりあえず他者にカウントされない。

私のお師匠さまはそういうことをおっしゃっているのです。

他者というのは本体があって、それにいろいろな属性がくっついている、というかたちでは存在しない。他者というのは「もの」ではなくて、「モード」だからです。

孤立し、飢え、渇き、不安のうちにあるもの、それが「他者」である、と。

そして、そのようなものを支援し、飢えや渇きを癒し、安心させるものとしてはじめて「私」というものが出現する。そういう順番なんです。

まず欠如があり、それに反応するかたちで「その欠如を埋めることができるもの」としての私が基礎づけられる。ふつうとは順番が逆転しているんです。

「私」は「自分にできること」のリストを手に持って、「他者」の到来を、お店でお客さんが来るのを待つように、ぼんやり待っているわけではありません。そうではなくて、他者はまず孤立と飢餓と不安のうちに登場する。だから取り急ぎそれを何とかしなければならない。そのときに「あ、じゃあ、私が何とかします」と名乗る人が出現する。それが「私」なんです。

まず欠如があり、「私」の登場はその後なんです。まず他者からの「呼びかけ」があり、それに「はい」と答えた人が出てきた。それが「私」である。

## 民話の主人公のように生きなさい

わかりにくい話ですみません。

別の喩えを使って説明してみましょう。

むかし、ロシアのウラジミール・プロップという学者がいました。彼はロシアの古い民話を採集して、民話に共通する物語の「構造」があるのではないかと考えました。２００ほどの民話を調べたそうです。

そしてプロップはそれらすべてが同一の構造の変奏であることを発見したのでした。31の説話単位と、７種類の登場人物だけで、すべての民話は構成されていました。もちろんその全部が使われるわけではありません。わずかな説話単位と登場人物だけでできている民話もありますし、フルに活用している複雑な民話もあります。でも、31の説話単位が物語に出てくる順番は絶対に変わりませんでした。

さて、物語の最初はどんな出だしだと思いますか。これはすべてに共通しているんです。

それは「家族の誰かがいなくなる」です。

すべての民話は「家族の誰かがいなくなる」（悪魔にさらわれる、壁の向こうに消えてしまう、井戸に落ちるなどなど）から始まります。

それに続くのは「それを見つけ出すことを残った家族たちは願う」です。王女さまが怪物に拉致されてしまった。王様が悲嘆にくれている、というような状況です。

その後にはじめて「主人公」が登場します。

「あなたが失ったものを私が見つけ出します」と名乗るもの、それが主人公です。

主人公は王様の依頼を受けて旅に出ます。そして、「よい魔法使い」に会って「魔法の道具」を手に入れたり、「高性能の移動手段（馬とか、船とか、鷲とか）」を提供されたりしたあと、最後に「悪もの（ドラゴン、悪い魔法使い）」の住む「城」にたどりつき、「悪もの」を倒して「探しもの（王女、宝物、秘密の文書）」を奪還します。

これはロシアに限らず、ほとんどすべての民話に共通する普遍的な構造です。ＲＰＧのストーリーもまずこれと同じです。このようなワンパターンが選好されるのは、もちろんその話形に人類学的に深い意味があるからです。

それは「民話の主人公のように生きなさい」という命令です。

子どもの頃からこのようなワンパターンの民話を聞かされて育った子どもたちに刷り込まれるのは、「物語の主人公」（哲学的に言えば「主体」、本書の趣旨に沿って言えば「大人」ということです）になりたかったら、「何かを欠如させて困っている人に出会ったら、ためらわずその懇請《こんせい》に応えなさい」ということです。

プロップの民話の形態学の知見のうちで、みなさんにぜひご理解いただきたいことは、主人公は「家族の誰かが欠落して悲嘆にくれている場」に通りかかるまでは何ものでもない、ということです。

どんな人間的特徴をもち、どんな能力を持っているのか、物語では何も語られません。語りようがない。だって、存在していないから。

主人公は「助けを求める人」の懇請に応じたときに、「助けを求める人の懇請に応じるもの」としてはじめてその存在を基礎づけられます。助力に応じないで、「あ、ちょっとオレ、『自分がやらなければならないこと』や『自分がやりたいこと』があるから」とすたすたと通り過ぎるものは決して「主人公」にはなれない。そういうことです。

# 執着と矜持を分かつもの

激変する社会の中で生き延びていこうと思えば、不要な執着は手放したほうがいいのは当然です。しかしその一方で、どれほど状況が変わっても、人としての「矜持」を捨ててはいけないとも思います。内田先生は「執着」と「矜持」を分けるものはなんだとお考えでしょうか。

ううむ、これはなかなか本質的な質問ですね。「執着と矜持《きょうじ》を分かつものはなにか」。不作法ながら先に結論を申し上げてしまいますが、もし「これは執着なのだろうか、それとも矜持なのだろうか」と迷う案件があったとしたら、それは「執着」です。そう断じてまず過ちません。

矜持というのは、人間にとって生きる上での自然です。

ここできっちり筋目を通さないと、自分が「生きている」気がしなくなるもの、それが矜恃です。

生きる上での自然なのです。

ですから、「ここは意地でも矜恃を貫かねば……」というふうにこめかみに青筋を立てて力むということは、ふつう起こりません。「お、ここは正念場だな。褌《ふんどし》締めてかからねば」くらいの力みかたです。

執着はそうではありません。

生きる上では不自然なこだわりのことです。この筋目を通さないと、「かっこうがつかない」とか「オレらしくない」とか「首尾一貫しない」とか、そういう理屈で説明できるこだわりはすべて執着です。

執着に引きずられると生命力が減殺します。

ある選択が適切だったかどうかを判定するときの度量衡はいつでも「生きる力」の増減です。生きる力が高まるか、抑制されるか、それを自分で自分の内側を見つめて点検する。わずかな針の振れですから、相当にセンサーの感度を上げておかないと感知できませんけれど、それがいちばん信頼性の高い判断基準です。

たとえば、「ここだけは譲れない」と思いつつ、諸般の事情により、あえて「譲った」後に、がっくりと生命力が萎え、気分は滅入り、顔からは生気が失われ、人に会っても気持ちが沈んだままで、食欲は失せ、夜も眠れない……ということになったら、それは矜持を守らなかったせいです。

## どちらが「身体に悪いか」

先日こんなことがありました。

新幹線に乗っているときに、通路の反対側に、めちゃくちゃ態度の悪いオヤジがいて、そいつが座席に座ったまま、携帯電話でやたらにでかい声で話をしているのです。改札に来た女性の車掌が「電話はお控えください」と言っても、「すぐ終わるから」とうるさそうに手を振って追い払い、数分後にまたその車掌が来て、重ねて電話を止めるように頼んでも無視。三度目に今度は別の男性の車掌がきて注意したのにまだ電話の手を離さずに、車掌を追い払おうとしたので、思わず「いい加減にしろ!」とどなりつけてしまいました。

「何度も注意されているだろう。大事な用事ならデッキに出てかけろ」

男は他の乗客に怒鳴られたことに驚いたのか、ぱっと電話を切って、デッキに逃げて行ってしまいました(そのあと、遠い方のシートに逃げて、東京に着くまで、僕の席には近づきませんでした)。

このときの判定基準は「このまま堪える」のと「やめさせる」のとどちらが「身体に悪いか」でした。

この場合は、相手のオヤジがいかにも人間として格の低いオヤジでしたので(電話の内容でわかりますよね。部下や取引先にやたら空威張りしているようなつまらない男)一喝《いっかつ》でことなきを得ましたが、これが「一見してあきらかにヤクザ」というような場合は、「やめさせるほうが身体に悪い」という可能性があります。そういう場合でしたらもう少し熟慮して、僕のほうがそっと席を替わるというオプションを検討したのではないかと思います。

似たような例ですが、これも先日電車の中。夏休み中の中学生とおぼしき三人連れがボックスシートを占拠して、いぎたなく眠っているのに遭遇しました。電車は混んでいて、立っている子連れの女性とか、老人とかもいるのに……、中学生の頭をはたいて、「おい、その荷物どけて、席空けろ」と言おうかどうか迷ったのですが、待ち合わせの時間にぎりぎり遅れそうだったので、態度の悪い子どもたちを放置して乗り換え駅で降りてしまいました。これは微妙に「身体に悪かった」です。

でも、これがほんとうに「生き物として正しい選択」であれば、考えるまでもなく手が出ていたはずです。

あのとき、子連れの女性がほんとうに身体が苦しそうだったら、あるいは老人が今にも倒れそうだったら、一も二もなく「君たち、席空けなさいよ」と言ったはずです。それをしなかったということは、そこまで切迫した状況ではなくて、この子たちを注意するという行為に「礼儀知らずの子どもたちに『世間ちうもの』を教えたらないかん」というような社会的使命感というか、イデオロギー性が微妙に絡みついていたからでしょう。

生き物としての自然な感情の発露（弱いものが苦しんでいる）というようなときは身体は自動的に動くのに、社会的な立場からの行動（そもそも世間というものは……）のときは身体の切れが悪い。

# 面接の採否は数秒で決まる

生物としての自然にかなっているのか、社会的な規範がそう命じているのか、それによって人間のふるまいの「決然」度は変化します。

この辺の判定は微妙。

何かをしなければいけないというときに、自然に身体が動く場合と、「理屈」をつけないと動かない場合があります。

理屈をつけないと身体が動かないというのは執着のほうです。

身体が厭がっているんです。

だから、「譲れない」ことか「譲ってもいい」ことかを判定するのは、「身体が自然に動くかどうか」を基準にするのがいちばん確かです。

推薦入試での面接での合否は受験生がドアをあけて入ってきた瞬間にだいたい決まります。

まだ何も話していなくても、「ああ、この子は合格だ」というのはわかります。ドアを開けて、面接用の椅子のところまで歩いてきて、一礼して座るまでの身のこなしだけで、わかる。まだ一言も口をきいていないけれど、その子が入ってきたことで部屋の空気感が変わるのです。

ちょっと明るくなって、暖かくなって、さわやかになる。

わずかな変化ですけれど、それくらいのことはわかります。

だから、面接試験で見ているのは受験生じゃないんです。受験生を見ている自分を見ているんです。自分の内側で起きている反応を点検しているんです。

これは就職試験の面接でもそうだということを出版社で面接をしている編集者たちに教えてもらいました。

部屋に入って数秒で採否は決まる、と。

彼らの場合の基準は大学よりももっと具体的で、「この人と一緒に仕事をしたいかどうか」というものです。その人と一緒に仕事をしている自分を思い浮かべたときに、「ちょっとだけ気分が滅入る」場合と「ちょっとだけ気分が高揚する」場合とがあって、もちろん後者が合格。

この場合も、面接されるほうはまだ一言も発していないんです。合格が決まった人とはもう特に話すことがないので、はやく面接を打ち切ろうとする。逆に採用しないことが決まった人は、これからも「弊社《へいしゃ》の顧客」として末永く製品をご愛用いただきたいので、「落ちちゃったけど、感じのいい会社だったよ」という印象を持って去っていただくべく、ていねいな対応をする。

ですから、「面接ではすごく話が弾んだんだけど、なんで落ちちゃったんだろう……」と訝《いぶか》しげに語る就活生がよくいますけれど、「話が弾んだ」のは先方のサービスなんです。仕事の質の高い会社ほど、外形的な基準（学歴とか資格とか）ではなくて、見たときの一瞬の印象で採否を決めるということが行われていると僕は思います。「人を見る眼」と言いますけれど、あれは正確には人を見たときに自分の中でどういう反応が起きているかをモニターする能力のことなんです。

## 「素直な身体」づくりを

「執着と矜持」の差の判断も同じです。

判定基準は外側にあるわけではありません。言葉にできるものでもありません。自分の身体の動きの「自然さ」だけが判定の基準です。

でも、それができるためには、生命力を強めるものに惹きつけられ、生命力を弱めるものからは身をよじって逃れるような「素直な身体」を持っていなければなりません。

それがちょっと大変なんです。

これから親になる人は、たぶん子育ての過程でも「譲れないこと」にいろいろ出くわすことになるだろうと思います。

僕も育てたのでわかりますけれど、「世間では……」という合理化をして子どもを叱っても、ほとんど意味がありません。子どもが親のふるまいにはっきり反応し、それを教訓として深く内面化するのは、「生物として」親が子どものふるまいの適否を判断したときだけです。

これは、ほんとうです。

子育てのためにも、まず「素直な身体」づくりに励んで下さい。

# 運と努力の間で

東大生の両親は高学歴かつ、富裕層であるといったデータをよく目にします。どんな家に生まれるか、誰と出会うかということで、その人の人生は大きく左右されます。人生は「運」と「努力」、いずれによって決まるのでしょう?

「運か努力か」というのは、「氏か育ちか」や「遺伝形質か生活習慣か」と同じように答えのない問いです。でも、答えのない問いだから、そんなことを論じても始まらないということはありません。答えがないに決まっているにもかかわらず、そのような問いを人々が飽きずに立て続けるのは、「答えを得る」ことではなく、「それについて考える」ことが知的に生産的であるということが知られているからです。

「幸せって何だろう？」とか「愛って何？」とかいうことを人々がエンドレスで問い続けるのと一緒です。「そんなもん、人それぞれなんじゃないの」というような答えがまあいちばん妥当なんでしょうけれど、そんな「どんな問いについても半分くらい当たっている解」のような世間知を学んでも得るところはあまりありません（まったくないわけじゃないけれど、ほとんどありません）。

それよりは答えのない問いをまっすぐ引き受けて、うんうん唸って「答えができませんでした」というほうがよほど潔い。

というわけで、「運か努力か」についても、もちろん答えはありません。でも、この問いについてできるだけ深く掘り下げてみることには意味があります。

## 努力ができるのも運のうち

いろいろな答え方があると思いますが、僕が好きなのは（こういうのは「好き嫌い」でいいんです）「努力ができるのも運のうち」と「運は努力で呼び寄せる」というものです。「運か努力か」という二項対立で考えること自体に無理があって、運と努力は切り分けることができないかたちで絡み合っている、そう考える。

「努力ができるのは運のうち」というのはみなさんもしみじみ実感することがあるんじゃないかと思います。

受験生だった頃、「勉強しなくちゃいけない」ということはよくわかっているんだけれど、なかなか机に向かってやる気にならない、ということがありましたね。僕は中学生までは素直な優等生だったので、毎日ばりばりと勉強をしておりました。それを二つ年上の兄が見てほとほと感心したようにこう言ったことがありました。

「タツルよ、お前はどうして受験勉強のようなくだらないものにそれほど熱中できるのだ。オレはとても、そのような虚しいもののために時間を費やす気にはなれない。お前は成績がよいから、自分のことを『頭がいい』と思っているかもしれないけれど、それは違うよ。お前は『無意味なことができる』という才能に恵まれているだけなのだ」

半世紀前の兄の説教を今もきちんと覚えているのですから、この言葉はたぶんそのときの僕の心に深くしみ込んだのでしょう。

なるほど、と思いました。

努力ができるというのは、ひとつの才能なのだ。

だから、努力する才能を生得的に欠いた人間に向かって「お前は努力が足りないから、それにふさわしい罰を受けるべきだ」というのはずいぶん残酷なことだということになります。

「勉強ができる」というのはたしかにある程度までは（あくまで「ある程度まで」ですけれど）「眼が良くて遠くまで見える」とか「鼻が利いて遠くの匂いも嗅げる」とかいうのと同じような生得的な資質です。生まれつき眼の悪い人や耳の悪い人に「それはお前の努力が足りないからだ」と言って責めることはできません。

努力してなんとかなる場合もあるし、そもそも努力の余地がない場合もある。すべての人間的達成を全部「努力の成果」であるとみなすのは危険なことです。

でも、現代日本では、すべてとは言いませんが、ほとんどの人間的達成は「個人の努力の成果」であるとみなすというルールが採用されています。

誰でも努力する能力を備えている。努力するためには才能も幸運も要らない。

これがメリトクラシー（meritocracy）「能力主義、成果主義」の基本にある人間観です。

努力するためには才能も幸運も要らない。努力には遺伝形質も運も関わりがない。だから、努力の成果はまるごと努力した本人が享受する権利がある。誰かに感謝する必要もないし、誰かに気後れする必要もない。

私はこれだけ勉強して、こんなにいい成績を取り、こんなにいい学校に進み、こんなにいい地位を得たが、これは丸ごと全部私の自己努力の成果であって、この成果は１００パーセント私がゼロから作り出したものであるので、この成果は私が排他的に占有し、費消する権利がある。

こういうことを言うやつがいたら（いますけど）、気分悪いですね。

だって、ほんとうはそうじゃないんですから。

勉強したくたってできない環境で育った子どもたちだってたくさんいます。アウシュヴィッツやダッハウの強制収容所に送り込まれたユダヤ人の子どもたちは勉強する機会が与えられませんでした。文字を読むことも、書くことも禁じられた。どれほど口惜しい思いをしたことでしょう。

「勉強しようと思えばいくらでもできる環境」にいるということ自体、歴史的に見れば、むしろ例外的に幸運なことなんです。

ですから、「努力ができるのも運のうち」なんです。

そういう生得的な資質があったり、そういう後天的な環境があったりしているおかげで努力ができる。努力というのは自己決定できるものではありません。自己決定できる部分もありますけれど、全部じゃない。

そのことをわきまえておくほうがいいと思います。

## 明けない夜はない

さて、もうひとつは「運は努力が呼び寄せる」というものです。

そういう言葉を皆さんときどき聴かされていると思います。でも、いまひとつぴんと来ないんじゃないでしょうか。

なんだか、わかったようなわからないような話です。でも、これはほんとうのことです。ただし、かなりややこしい理路をたどらないとこのような結論には至りません。

はっきり言うと、人間の身に降りかかる幸運不運は原理的にはランダムです。法則性はありません。善人は必ず幸福になり、悪人は必ず不幸になるというようなことはありません。これは無数の実例があるから、どなたでも納得ゆくはずです。

すばらしい人格者が業病に取り憑かれて苦しみ、生きていること自体はた迷惑であるような人物が無事息災で高笑いするというようなことはいくらでもあります。

義人が報われ、悪人が罰されることを僕たちは心から願っていますが、残念ながらこの願いが天に聞き届けられることはありません。不運が善人を襲うことがあり、幸運が悪人を潤すことがある。それなら、善人であるために努力したって無駄じゃないか、と思う人がいるかもしれません。

でも、そうじゃないんです。

さきほど書いたとおり、「努力できる」というのはすでにかなり幸運な環境に置かれているということだからです。

全員が同じスタートラインから出発するわけじゃない。「努力できる人」はそのことだけですでに大きなアドバンテージを享受している。そういうふうに考えるんです。そして、善人であったり、みんなに頼られる人であったり、国家須要《しゅよう》の人物であったりすべく

「努力できる」なんて、私はなんて幸運なんだろうと思う。そう思うことができたら、もうすでに結果の半分くらいは手に入ったわけです。

ですから、「努力が運を呼び寄せる」というより、より正確には「努力できる人間はその時点ですでに幸運である」ということになります。

逆の場合を考えればわかります。

自分はめちゃめちゃ不幸な境涯にあるのだが、この不幸に自分はまったく責任がないというふうに自分の人生をとらえている人がいたとします。

その人はその境涯から脱出するために努力するでしょうか。

しないと思います。

だって、前提からして、人間のスケールを超えた運命によって、本来もっと幸福であってもよかったはずの自分がこのように不幸になっているわけです。

そうである以上、ちまちました自己努力でこの状況がどうにかなるはずがない。努力してどうにかなるなら、「人間のスケールを超えた運命」が自分の置かれているこの状況を作り出したという前提が覆されてしまう。

だから、「人間の力ではどうしようもない不幸」を自分の初期条件に採用してしまった人は、その状況を改善するための努力ということをしません。してはいけないということになる。

「努力ではどうにもならない」という現実認識は、場合によっては事実を適切に記述しているかもしれません。

でも、事実を適切に記述したせいで、身動きがとれなくなるということが世の中にはあります。正しい現実認識が「自分に対する呪詛」として機能してしまうのです。

そういうことって、あるんです。

そういう場合には「自分を祝福する」という手を使う。ぜんぜん自分の境涯は幸福じゃないんだけれど、これを「なんてオレは運がいいんだろう」というふうに多幸症的に記述してしまう。

これは弱者の生きる知恵です。

「善人が報われる」チャンスが到来するまで生き延びるための知恵です。

誰が報われ、誰が罰されるかはランダムなんですから、今現在「義人が苦しみ、悪人がのさばっている」としても、それが未来永劫続くということはありません。絶対にありません。必ず、ひっくり返るときがくる。

そのときまで生き延びる。

明けない夜はない。

でも、夜明けを見るためには夜が明けるまで生き延びることが必要です。

そのためには「私は運がいい」というふうに自分に言い聞かせる必要があります。

そうでも思わないとやってられないからです。そうでも思わないとやってられないくらい厳しい状況をなお生き延びるための「方便」として「運」という言葉があるのです。

## 「半分しかない」と思うか、「半分もある」と思うか

天変地異に襲われて、家財を失い、家族を失った人たちには二種類あります。

「失ったもの」を数え上げてそれを嘆く人たちと、「まだ残っているもの」を数え上げて、その幸運を言祝ぐ人たちです。

どちらが早く立ち直り、生活を再建することができるかは考えるまでもありません。

よく言いますよね、コップに水が半分あるとき、これを「半分しかない」と記述するか「半分もある」と記述するか。

これは人間的気質の問題ではありません。もっとずっとプラグマティックな、もっとずっとリアルな「生き延びるための技術」の問題です。

「半分もある」と考えたほうが、それからあとの心身のパフォーマンスは向上します。そして、もしあなたの投じられている状況が危機的であればあるほど、どれほどわずかでも自分の生命力を減殺するようなことはしないほうがいい。

危機的なときほど楽観的にならなくてはならない。

悲痛な顔をして、自分の不幸を嘆いてみせる人は、実は自分の状態をほんとうに危機的だとはとらえていないのです。

どんなときでも「それでも、オレは運がいいほうだよ」というふうに言える人は客観的な記述をしているわけではありません。むろん、多幸症の患者でもありまん。

生き延びなければならないということを本気で考えている人です。

第3章

# 与えるということ

# 格差論のアポリア

**今の社会は、年金制度ひとつを取ってみても、若者が虐げられ、老人を優遇している面があるのではないでしょうか。社会全体の活力を増すためにも、子育て支援を拡充するなど、もう少し若い世代に再分配すべきだと思うのですが。**

少し前、ＮＨＫのテレビで「ニッポンのジレンマ」という番組をやっていました。30～40代の若手知識人を集めた円卓会議のようなもので、格差の問題、そしてご質問にもある「世代間対立」のことが論じられていました。最初は面白く見ていたのですが、途中でなんだかうんざりして消してしまいました。

その少しあとに、友人の平川克美君とその話題になりました。平川君もこの番組を見ていて、僕と同じように、途中でうんざりして消してしまったそうです。何でうんざりしちゃったんだろうね、というところから話が始まりました。

「金の話しかしてないからじゃないかな」というのが二人の合意点でした。格差の問題、年金の問題は、今、「世代間における社会的資源の分配の不公平」という枠組みで論じられています。

その問題設定の仕方そのものは間違っていません。

ご存じのように、年金制度は少子高齢化という人口分布のアンバランスによってもはや制度の体をなしていない。現行の賦課方式（現役世代が年金受給者を支える）ではもう高齢者のヴォリュームゾーンを支えきれない。だから、これを積み立て方式（同年齢集団で支え合う）に切り替えようということが提案されたりしている。

話としては整合的です。

だから、平川君と僕が違和感を覚えたのは、そこで話されていることの「コンテンツ」に論理的な不整合があるとか、データが間違っているとかいう理由からではありません。「なんで、そんな話ばかりするの？」という「話題占有率」の異常な高さが僕たちの違和感の所以でした。

というのは、どこまで記憶をたどっても、僕たちは若い頃に年金について熱く論じたことなんかなかったからです。

## 「奇妙な夢」を見ている気分になる

もちろん、年金は払っていました。年金けっこう高いねというようなことは給与明細を見ながら言ったことはあったでしょう。でも、その話で僕たちが熱く語りあったことは一度もなかった。

どうせお前たちはお気楽な身分だったからだろうという厭味《いやみ》を言う人がいるかもしれませんけれど、僕たちは大学卒業後に20代後半で起業していたので、シビアな会社経営者だったのです。それでも、年金のことなんかほとんど話題にしなかった。

理由のひとつは、年金受給年齢まで生きているとは思っていなかったからです。

これは単に「想像力がなかったから」と言ったほうがいいかもしれません。その時代の平均余命と医療の進歩を勘案すれば、かなり高い確率で年金受給年齢まで生きていることはありえたわけですが、それでも「年金をもらう自分」の姿をどうしても想像できなかった。

それは60～70年代というのが、社会的な変動期で、国家的規模で「想定外」の出来事が続発して、「もう先のことはわかんねえや」的な諦観《ていかん》とノンシャランスの入り交じったような気分が横溢していたせいです。だって、60年代前半において、平均的日本人が自分の未来について抱いていた最大の不安は「核戦争の勃発」だったんですから。

ほんとですよ。

62年のキューバ危機のとき、米ソはほとんど核戦争の手前までチキンレースで意地を張り合っていました。『博士の異常な愛情』（64年）も『渚にて』（59年）も『世界大戦争』（61年）も、愚かな政治家たちのせいで世界が核戦争で滅びる話です。それらの映画はかなり高い確率でこれから地球上に起きそうな出来事を描いていた。少なくとも僕たちはそう思って見てました。

『世界大戦争』なんか、小学校の社会学習で先生に連れられてクラス全員で見に行ったんじゃなかったかかな。だとすれば、あれは「核戦争が起きたときの心の準備」をさせるための教育的配慮だったんじゃないでしょうか。実際、映画のラストはフランキー堺と乙羽信子と星由里子のふつうの一家が、核ミサイルが東京に着弾するまでの短い時間に「最後の晩餐《ばんさん》」を囲む場面なんですから。

60年代前半は「核戦争が起きて、人類は滅亡するのかもしれない」という暗澹《あんたん》たる予測が「常識」だった時代だったんです。そう言っても、若い人にはなかなか信じてもらえないかもしれないけれど、あの時代の、例えばクレイジー・キャッツの映画の底抜けの明るさなんかも、「核戦争の不安」を抜きにするとうまく理解できないと思います。ある種「やけくそ」なんです。明日はどうなるかわからない。だったら、どっと楽しくやろうじゃないか、と。

とにかく前の戦争のときとは違って、いくらわいわい騒いでも馬鹿笑いしても、隣組のオヤジに説教されたり、特高に捕まったりする気遣いだけはない。たぶん、そんな気分だったと思います。せっぱつまった明るさなんですよ、あれは。

そういう気分のときに「年金の話」とか、しないでしょう、ふつう。

60年代後半から70年代前半までは今度は核戦争じゃなくて、世界的なスケールでの政治的激動の時代でした。中国ではほとんど内戦規模での文化大革命が始まっていました。アメリカはベトナムではナパーム弾で農民たちを焼き払っていましたが、国内はヒッピームーブメントに代表される反体制運動がピークに達し、公民権運動はやがてブラックパンサーの武装闘争へと過激化してゆきました。ドイツではバーダー＝マインホフ・グループが、イタリアでは「赤い旅団」がテロ活動を行い、フランスでは「五月革命」と呼ばれる学生＝労働者の運動が首都を覆い尽くしていました。

世界が明日どう変わるかわからない。誰にも予想がつかない。そんな激動の時期が10年近く続いたのです。

そういう気分のときに「年金の話」とか、しないでしょう、ふつう。

その後は今度はいきなり非政治的な、享楽と奢侈《しゃし》の時代に急転換しました。バブルの時代です。女子大の教室のドアをあけるとむせかえるようなプワゾンの匂いがし、18歳の少女たちがミンクやシルヴァーフォックスのコートを着て練り歩き、時給750円のラーメン屋のお兄ちゃんがロレックスをはめ、家賃3万円のアパートの駐車場にベンツやBMWが並んでいて、ふつうのおじさんがフランスやオランダでシャトー（森と池つき）を買い、ふつうのおばさんがパリ16区にアパルトマンを買うという、まことに奇妙な時代でした。

日本中の人々が株と不動産取引に夢中でした。それは彼らに言わせると「道に落ちているお金を拾うくらい簡単なこと」だったのだそうです。立ち止まって、屈み込めば、誰でもお金が手に入る、そんな時代でした。

たしかに、この時代の人たちはほとんど「金の話」しかしませんでした。

僕は1985年に開かれた高校のクラス会のことをよく覚えています。最初から最後まで株と不動産の話だけで終わりました。僕はどちらとも無縁だったので、まったく級友たちの談笑の輪に入ることができず絶望的な気分になったのを覚えています。

そのときも誰も「年金の話」はしませんでした。そんな「はした金」のことなんかどうだってよかったのでしょう。

ともかくそんなふうに生まれてから今日まで、年金のことをまじめに熱く語ったことが一度もなかった世代の人間なので、若い知識人たちが年金制度について熱心に制度のディテールについて適否を論じ合う姿を見て、なんだか「奇妙な夢」を見ているような気になったのです。

勘違いして欲しくないのですが、それが「悪い」と僕は言っているわけではありません（社会制度のあるべきかたちについて真剣に語るのが悪いことのはずはありません）。そうではなくて、正月早々に、おそらく同世代の中で際立って才知にあふれた方々が一堂に会して、そこで「年金制度」について、放送時間の半分近くを費やしたことに僕はびっくりして、うろたえてしまったのです。

僕の本音の声を漏らすならば、「今って、そんな話している場合なの？」ということでした。

どうして自分たちが年金受給年齢に達するまで、日本のシステムが「このまま」推移すると思えるのか、その楽観の根拠が僕にはよくわからなかったのです。

核戦争とは言わないけれど、大規模な自然災害とか、新たな原発事故とか、朝鮮半島の政治情勢の流動化とか、中国や韓国との外交関係の悪化とか、アメリカの西太平洋戦略の転換とか、中国のバブル崩壊とか……日本の国家的基盤の存亡にかかわる大問題はいくらもあるわけじゃないですか。

でも、若い方たちはその鋭利な脳を活用して、例えばアメリカの太平洋戦略の変化への対応策とか、中国の拡大主義にどう対処するかとか、朝鮮半島での軍事的緊張をどう緩和するか、といった日本の死活的な国益に直結する切実なイシューにはあまり興味を示されない。

いや、もちろんこれはＮＨＫが「国内の格差問題、とくに世代間対立だけにフォーカスして番組作りましょう」ということで仕切ったのでしょうから、流れとしては仕方がない。

でも、どうして先行世代が年金問題に対して「あまりまじめに取り組む様子がない」理由について、それはもしかすると「『そんな話』をしている場合じゃないよ」という歴史的状況のうちに連続的に投じられていたから……という可能性を吟味しなかったのでしょうか。

年金問題についての若い方たちの分析は「先行世代が年金問題をだらだら放置していたのは、それが自分たちの取り分が多い、自分たちに有利な制度だからである」というものでした。

たぶんそういうふうに見えるんでしょうね。

でも、僕は自分を含めてまわりの同世代や年長の人たちを見ていると、そんなに賢くないと思います。自分たちが受益できるように出来の悪い制度を放置しておくなんて、そんな芸当ができるほど頭よくないです。単に何も考えてなかっただけだと思います。

現代日本社会の制度的瑕疵《かし》のほとんどは「想像力がないので、先のことは何も考えずに来た」ことの帰結だろうと僕は思います。

年金制度を管理していた官庁も、年金制度を「100年保つ」と言っていた自公政権の政治家たちも、先のことはほとんど考えていなかった。「そのうちまた経済が上向きになって、税収が増えれば、何とかなるんじゃないの」とぼんやり思っていた。まあ、その程度の知性が設計した制度だから、こんなにろくでもないものなんですけれど、ここでご注意願いたいのは、「頭が悪い」ということと「邪悪である」というのは違う、ということです。

若い人たちが先行世代を批判したいと思うなら、「彼らは邪悪である」というふうに批判しても、あまり意味がないし、効果もない。言うなら、「おまえらは頭が悪い」です。これが実は社会的格差を論じる場合に、最大の問題なのです。

## それは無数の「頭の悪さ」の集積なのです

先行世代は邪悪である、と言うのは、先行世代が「このようになるように状況を制御している」と言うことです。「悪いやつら」と呼ぶのは、そういうことです。ワルモノっていうのは、定義上「頭がいい」んです。「ラプラスの魔」のように先を見通して、自分の利益になるようにあれこれ下ごしらえしている。

それが「ワルモノ」です。

そして、社会不安や制度危機について、「ワルモノがいて受益しているせいで、こんなことになっている」と言うのは、実は一種の「信仰告白」なんです。世界は誰か全能の人間がいて、その人が中枢的に、計画に沿ってコントロールしている。それは神を信じることと思考の形式としては同型的です。

悪魔と神は「理法に従う」（悪魔は世界をひたすら悪くするために、神は世界をひたすらよいものにするために行動する）という点については同型的なものです。なにしろ、悪魔は神の計画をことごとく妨害するわけですが、これは「神が何をしようとしているのか全部知っているもの」にしかできない仕事ですから。

「悪いやつがおのれひとり受益するためにすべてをコントロールしている」というのは、だから「世界には理法があり、すべては整然とそれに従って動いている」という一神教的な信仰の裏返しのかたちに他なりません。

反ユダヤ主義という思想（というか世界観）がありますが、この担い手たちは大半が熱心な一神教信徒たちでした。「神さまなんか、いるわけない」というクールな無神論者でかつ熱烈な反ユダヤ主義者という人を僕は知りません。

ですから、「世の中がこんなにろくでもないのは、『悪いやつ』がいるからだ」という話形で語る人というのは本質的に一神教徒なんです。

こういう世界理解は信仰が人々に心の慰めと安らぎを与えるのと同じように、人々に慰めと安らぎを与えます。だって、どこかに「すべてを制御している全能者」がいるわけですから。そいつを倒すか、そいつの仲間になるか、どちらかを果たせば、とりあえず自分にとっては「すべて解決」する。シンプルです。

僕が言いたいことは、わかりますね。

世代間格差というのは（ロスジェネ論もそうでしたけれど）、「どこかに全能の制御者がいる（いて欲しい）」という信仰の表れなのです。

もちろん、この社会に格差はあります。資源の分配についてのアンフェアはあります。さまざまな理不尽がある。でも、それは誰かが自己利益のために工作してそうなっているわけではない。それは無数の「頭の悪さ」の集積なのです。

制度設計のミスや未来予測の誤りや想像力の欠如や無根拠な楽観や……別に深い考えがあったわけではなく、むしろあまり深く考えなかったせいで起きたことが無数に集積して、「こんな事態」になっている。

僕はそう思います。

## どうして私たちはこんなに頭が悪いのか？

だから、日本人が全体として知的に不調である。そのことから出発するしかないんじゃないかと思います。

「なぜ人々はこれほど集団的に愚鈍化したのか？」というのは学的に有効な問いです。でも、「なぜ人々は集団的に邪悪化したのか？」という問いは立てようがない。

邪悪さには歴史性も法則性もないからです。

邪悪な人は臨機応変にあらゆる場合に「そのときの条件の範囲内でできる最悪のこと」

をする。邪悪な人は別には首尾一貫性とか論理性とか必要としません。誰かが不幸な目に遭えばそれでオッケーなんですから。

だから、個人についても集団についても「どうして邪悪なのか？」という問いは立てても意味がない。いかなる歴史的条件も生物学的条件も邪悪さの生成を説明できないからです（それはいかなる歴史的条件も生物学的条件も「神の生成」を説明できないのと同じことです）。

僕たちに立てられる有効な問いは「どうして私たちはこんなに頭が悪いのか？」という問いだけです。

というのは、「頭の悪い人」たちはランダムに頭が悪いわけじゃないから。

自分が選択したこと、自分がやっていること、自分が考えていることの適切さについて第三者的、価値中立的な視点から吟味できないことを僕たちは「頭が悪い」と言います。そして、第三者的、価値中立的な視点から自分自身の推論や判断を吟味するというのは、言い換えると「自分の頭の悪さを点検する」ということなのです。

つまり、「頭の悪さ」と「頭の良さ」を分岐するのは、「自分はもしかすると頭が悪いんじゃないか？」という自己点検の装置が起動しているか起動していないか、それだけの違いなんです。

「自分は頭が悪いんじゃないか？」という疑問に捉えられて、それゆえメタ認知的に自分の思考を自己点検できる人はあまりひどい失敗をしない。

それだけの話です。

もちろん、それでも誤った推論をしたり、間違った判断を下すということはあります。しょっちゅうあります。でも、その場合でも、「あ、オレ間違ったわ」とすぐにフィードバックできる。だから、誤った推論や誤った判断が積もり積もって、ついに本人のも周囲にも致命的な損害を及ぼすというリスクを軽減することができる。

繰り返し言いますが、それだけの話です。

自分の頭の悪さの由来と構造について常日頃から考える習慣を身につけていると、「大きな間違い」を犯すリスクが軽減される。

それだけのことです。

そうするほうが倫理的に正しいとか、政治的に正しいとかいう話をしているわけではありません。人間が人間にもたらす災厄をどこまで先送りでき、被害をどこまで軽減できるかというごくごく散文的な話なんです。

あまりこめかみに青筋立てたりしないで論じたほうがいい話なんです。

## 奪還論のアポリア

「邪悪な人たちがいる」という論理形式を採用すると、「なぜこんな人たちが生まれてきたのか」という問いも「なぜこんなことをするのか」という問いも成立しない。

「こいつらを殺せ」というクリアカットな実践的結論しか出てこない。

「殺せ」というのはメタファーではありません。人類の歴史はある意味で「邪悪なもの」を殺戮《さつりく》してきた歴史です。今も「邪悪なもの」だという「だけ」の理由で、何十万何百万の人間が殺されている。

だから、社会制度の不調を分析するに際しては、「邪悪なものがいて、彼らが受益するために、制度をねじまげているのだ」という話形を採用することは自制したほうがいい。

それでは何も説明できないだけでなく、それに基づいて採用された解はしばしば破局的に暴力的なかたちをとるからです。

日本のような穏やかな社会においてさえ。

だから、社会的な危機について分析するときは、「愚鈍さ」を主たる関数にとるほうがいい。愚鈍さは平和的なかたちで修正可能だからです。愚鈍さの修正は「処罰」ではなく、「説得」によるほうがより効果的だからです。

話がだんだんとっちらかってきましたので、もとに戻します。

世代間格差の話をしていたのでした。僕の意見は、これを「先行世代が自己利益を計って制度をねじまげた」というふうに総括すべきではないというものです。

というのは、もし、そのような事態を捉えたら、出てくる実践的結論は「自分たちに配分されるべき資源が先行世代に偏っているなら、『正しい所有者』はそれを奪還する権利がある」というものになるからです。けれども、「奪還論」は社会集団内の対立を激化するだけで、実践的にはほとんど無効であり、社会をより住みにくいものにしかしない。そのことはこれまでも繰り返し書いてきましたが、また繰り返します。

「奪還論のアポリア」をご存じですか。資源のアンフェアな配分に対して「私には自分の取り分を取り戻す権利がある」ということを言う資格があるのは「誰か」というのが難問です。

これは自己申告だけで通すわけにはゆかない。全員が口々に「オレの取り分が足りない」と言い出したら、収拾がつきません。私は「被害を受けている側」であり、「当然配分されるべき資源の配分において不利な扱いを受けている」ということを客観的に挙証しなければならない。

ところが、この証明がきわめてむずかしい。

かつてレーニンは『帝国主義』で「イギリスのプロレタリアはプロレタリアではない」と論じたことがありました。イギリスの労働者階級はイギリス帝国主義の第三世界収奪の恩恵を豊かに受けており、第三世界のプロレタリアたちから比べれば「ほとんどブルジョワ」と変わらないからです。「鉄鎖」以外にさまざまなものを所有しているイギリスの労働者階級には、階級闘争の主体となって「奪われたものを私たちに返せ」という権利はない、と。

なるほど。

では、というので第三世界に行ってみると、そこにも格差があり、収奪の構造がある。英国から見たら極貧の生活をしているように見えても、そこにもやはり奴隷がおり主人がいる。となると、奴隷を酷使している主人のほうには「社会的アンフェアネスの是正」を口にする資格はない。彼らには資源分配についての請求権がない。

となると、請求権があるのは、世界でもっとも貧しく、もっとも収奪されており、生きるための最低の資源の分配にさえ与っていない「理想的なプロレタリア」以外にはないことになる。彼ら以外の誰ひとり「社会的資源の分配のアンフェアネスの是正」を要求する権利はない、ということになる。

でも、世界でもっとも収奪された場所の、その中でもっとも収奪された人を見出したとしても、その人はたぶん骨と皮だけにやせ衰え、教育機会も奪われていたために言葉もしゃべれず、自分がいったいどのような歴史的使命を負託されているかを理解する知的能力さえ奪われていることでしょう。このような人が革命的主体として政治運動を領導することは不可能です。

奪還論のアポリアはここにあります。

「もっとも収奪されたものが唯一の正統的な奪還の主体である」というルールを採用すると、この世にはそのような政治運動を率いることのできるものがひとりもいなくなるということです。理想的な、至純の「被害者」を探す過程で、私たちは全員が「おまえには

『社会的不正をただせ』なんていう資格ないよ。おまえこそこの不正の受益者なんだから」という断定の前にうなだれなくてはならなくなる。事実、この論法で実に多くの「革命家」たちは社会改革の運動に水を掛けて回りました。でも、社会的不正をただすことのできる有資格者を限定すればするほど、社会的不正をただす運動は矮小化してゆく。当たり前ですよね。人がいないんだから。

日本の非正規労働者は「労働環境がひどい」と訴えますけれど、日給300円のニカラグアの農場労働者に言わせれば、「まるで貴族のような暮らしをしている」ということになる。実際にそういうことを言って「だから、贅沢を言うんじゃない」というようなとんちんかんなことを言う人がいます。もちろん僕はそんなことを言っているわけじゃありません。そんなことを比較しても仕方がない。

「私はひどい目に遭っている」と誰かが言うと、必ずそれを否定する人が出てくる。「おまえよりもっと苦しんでいる人がいる。その人に比べたら、おまえには請求権なんかない」と言い出す人が出てくる。これが奪還論の本質的な矛盾なのです。

# 問題は想像力なのです

以前、あるセミナーで、「育児は男性にとっても女性にとっても自己陶冶《とうや》の好個の機会である」という話をしたら、フロアから「では性同一性障害者にとってはどうか」という質問がありました。僕はちょっとびっくりして、性同一性障害者にとっての育児の意味については考えたことがありませんでしたと正直にお答えしました。すると、その人（フェミニストでした）は「勉強して出直して来い」とせせら笑いました。

僕はこういうのはよくないと思います。

世界のすべての問題を同時的に解決できる完璧《かんぺき》なソリューション以外は認めないということになると、たしかにあらゆる提言は「微温的」であり「弥縫策《びほう》」であり「そんな中途半端なことをしているから社会の根源的な矛盾は解決されないまま放置されるのだ」ということになる。

そう言って他人の主張を切り捨てると、そのときだけはちょっと気分がいいかもしれません。でも、そこからは「よきもの」は何も生まれない。

村上春樹の文学についての国際セミナーで、ある日本人の批評家が、「村上春樹は世界で読まれているというが、ほんとうなのか」と疑問を呈したことがありました。「アラビア語やウルドゥー語の翻訳はあるのか。バグダッドや平壌では読まれているのか。所詮は『勝ち組』の文学ではないのか」。

この批評家の言うことに理があるとするならば、この世に「世界文学」などというものはひとつも存在しないことになります。話者数百人の言語だってあるし、無文字社会だってある。そういうところでも漏れなく読まれたり口承されたりしているのでなければ、「所詮『勝ち組』の文学だ」と切り捨てることは理論的には可能です。でも、そんなことをしても実践的には無意味です。そのロジックに従えば、同人誌に投稿した読者10人だけという作品も、各国の言語に翻訳されて世界に数億人の読者を持つ作品もみんな五十歩百歩の「勝ち組の文学」だということになるからです。

奪還論の話をしているところでした。

奪還論もそれと同じ構造を持っています。不公正をただすことについての請求権を持つ人間を厳密に規定しようとすると、請求できる人はひたすら減ってゆく。不公平の是正によって受益できる人間がもっとも少ない制度改革がもっとも「ラディカル」なものとなる他ない。

もうひとつ、奪還論の難点は「奪還」という行為を正当化することです。「自分の取り分は自分で取り戻す」ということが社会資源の分配において「政治的に正しい方法」として認定されてしまう。

そうすると、どうなるでしょう。仮にこの奪還論者の若者たちが首尾よくあれこれの制度改革を通じて「強欲な老人たち」から自分の取り分を取り戻して、その後も順調に資産を増やしていったとします。でもさらに後続の若い世代から、「あなたたちは取りすぎだ。フェアに分配しろ」という要請があった場合どうするでしょう。

「欲しかったら、奪い取れ」と答えるでしょう。

だって、「欲しいものは実力で奪う」ということを「政治的に正しいふるまい」に認定したんですから。それ以外の、例えば、「自分たちは『取りすぎ』だと思っている人たちが、自主的にそれを恵まれない人たちに還付する」というようなオプションは「ありえない」ということでそもそも話が始まっているんです。そのような善意を「持てるもの」には一切期待しない、期待してはならない、ということから「奪還」の思想は始まる。

「人の善意に期待するな」というのはひとつの見識です。経験的にはけっこう正しい。けれども、これを理論的に汎通的《はんつうてき》に正しい命題だということにしてしまうと、「人の善意に期待しない」で成功した人は構造的に「厭《いや》なやつ」にならざるを得ない。他人に善良なふるまいを期待することを許さないし、自分が善良なふるまいをすることも許すわけにはゆかない。そんなことをしたら、自分が最初に採択した前提が間違っていたことになるから。

20世紀、アジアアフリカで、欧米の帝国主義諸国を武力で放逐《ほうちく》して独立を勝ち取った革命政権のうち、奪還した資源を全人民に公平に分配することに成功したものはほとんどありませんでした。革命政権の独裁者たちはしばしば帝国主義国家の植民地官僚よりもさらにはげしい収奪と独占を自分に許したからです。権力者というのは「そういうもの」であるという前提から出発したので、自分が権力を奪取したあとは「そういうもの」になる以外に権力者のありようをイメージできなかったのです。

問題は想像力なのです。

# 私たちは何と戦うべきか

さあ、あまりに長くなり過ぎたので、この辺で巻きに入ります。

ご質問は「世代間格差」についてでした。そのようなものはたしかに存在します。けれども、それは誰かが計画的に制度設計して、社会集団の一部に利得を偏らせようとして創り出したものではありません。今から20年後、30年後に社会の年齢構成はどうなるか、そのときに今の制度で間に合うのか、ということを（毎年の出生数を見れば一目瞭然なのに）ぜんぜん考えなかった想像力のなさが生み出したものです。

だから、この制度を「邪悪なもの」との戦いというふうに既定するのは筋違いなのです。そうではなくて、「国民的レベルで瀰漫《びまん》している頭の悪さ」との戦いというふうに構想しなければならない。そして、まさに「国民的レベルで瀰漫している」という定義からわかるように、この「頭の悪さ」は世代にかかわらず、全国民が罹患していると見たほうがいい。こういうことを書いている僕自身も、今これを読んでいるあなた方自身も、みんな（「国民的レベルのバカさ」というと角が立つので）程度の差はあれ、「想像力の欠如」を病んでいる。

年金制度の不備を言い立てる若者たちは、「年金制度について考えたことがないし、制度についてろくに説明を受けたこともない」若者たち（今は老人たち）がこの制度の制定時点での有権者たちだったという事実を想像してみたほうがいいと思います。

それがひとつ。

もうひとつは、社会的な資源分配上のアンフェアネスについて「実力行使による奪還」ということを言い出すと、それに呪縛されてしまうということ。「奪還論者」たちも、「奪還を果たしたあとの自分自身がどんな人間になるか」ということについては想像力の行使を惜しむ傾向があります。それについても想像してみたほうがいい。

じゃあ、いったい現行のこの社会的な不公正はどうしたらいいんだ。おまえは現状維持でいいと言うのか、といきり立つ方がいるかもしれませんが（たくさんいそうです）、もちろん僕はそんなこと言ってません。

僕は「収奪と奪還」ではなく「贈与と嘉納」の交換システムへの切り替えによって、現状を改革したいというアイディアを持っています。それについてはまたおいおい、お話しましょう。
今夜はだいぶ遅くなってきました。とりあえずこれでお開きにしませんか?

# 贈与のサイクルはどこから始まるか

「収奪と奪還」ではなく「贈与と嘉納」の交換システム、と聞くと魅力的ですが、それは単なる理想論ではないのでしょうか。人に与える余裕がない以上、収奪と奪還の交換システムから抜けられないのが現実であるように思います。

「贈与経済論」については、これまでも折に触れて書いてきました。同じ話を蒸し返すのも芸がないのですが、はじめてそんな言葉を見たよという人もいるかも思いますので、原理的なことをかいつまんでご説明しましょう。

経済活動というのは、「等価物の交換」ではなく、「贈与」から始まります。

経済活動というと「需要があって、供給があって、市場があって、貨幣があって、度量衡があって、為替《かわせ》があって、ロジスティックスがあって、国際的な司法機関があって……」という現代的な条件がぜんぶ揃った上ではじめて行われると思っている人が多いですけれど（多いというより「ほとんど全員」）、そうではありません。

経済活動というのは人類と同じだけ古いのです。

人類と同じだけ古いものはいくつかあります。

「言語」と「親族」と「経済」です。この三つは原理的には全部「同じもの」です。何が「同じ」かわかりますか？　1分あげますから、ちょっと自分で考えてみてください。「言語」と「親族」と「経済」に共通することが何であるか。はい、スタート。

はい、1分経ちました。

そうです、「交換」です。

# 存在していることの根拠を与えること

「言語」は「記号の交換」です。

「親族」は「女の交換」です（と書くと昔はフェミニズム原理主義者が血相を変えて乱入してきたものでしたけれども、そういう人たちは幸いいなくなりました）。

「経済」は「財とサービスの交換」です。

言葉を交わし合い、愛を交わし合い、モノを交わし合うもの、それが人間です。その条件は今でも変わっていません。

なぜ交換なのか。これも理由は考えれば簡単です。「他者がいないと交換ができないから」です。

いちばん根源的な交換行為は「キャッチボール」です。

こちらが投げる、あちらが受け取る。あちらが投げる、こちらが受け取る。

それだけ。

別に何も生み出していません。

でも、ボールを受け取るときには、グローブが「ぱしん」と小気味のよい音を立てて、掌に持ち重りのするボールが届けられる。それを投げ返すと、今度はむこうのグローブが「ぱしん」と音を立てる。

何も価値あるものを生み出しているわけじゃないけど、なんとなく幸せな気持ちになる。それはボールが送られるごとに、「あなたがいてくれて、よかった」という祝福の言葉がそれに添えて送られてくるからです。

飛んでくるボールは「あなたが存在していることを私は認知する。あなたが存在していることから私は今喜びを得ている。だから、あなたがこれからも存在し続けることを私は祈っている」という強い遂行的なメッセージを携えています。

人間というのは、そういう祝福の言葉を定期的に服用していないと生きていけない生き物です。生理的に生きていけないということはないけれど、生きている気がしない。『大脱走』の独房王ヒルツ（スティーヴ・マックイーン）は独房に入れられる度にグローブとボールを持参します。そして壁を背に座り込んで、「壁打ちキャッチボール」を延々と繰り返します。

この自立心旺盛でタフな青年でさえ、それが「自分が自分に宛てたメッセージ」だと知りながらも、誰かからの擬似的な「祝福のメッセージ」を受け取ることなしには、独房での生活に耐えることができなかったのです。

このエピソードはなかなか深いと思います。

交換の目的は、それによって「何か価値のあるもの（メッセージや性的配偶者や財貨やサービス）を手に入れること」ではありません。ぎりぎりまで削ぎ落とした交換の本質は僕たちに「存在していることの根拠を与えること」なのです。

という前提を踏まえて、贈与について考えます。

## 贈与は主体的な行為ではありません

贈与というのは厳密に言うと「反対給付」のことです。

もうすでに誰かから贈り物を受け取ってしまったので、返礼しなければならない。その義務感にせき立てられて行う行為が「贈与」です。

なんか知らないけど、暇だし、金もじゃらじゃらあるし、「贈与でもするか」というふうにして始まるものじゃありません。

贈与は自己を起源とする主体的な行為ではありません。贈与はそれ自体「すでに贈与を受けてしまったことの結果」なのです。

贈与経済について考えている人のほとんどがその点について勘違いしています。太っ腹な人とか、雅量のある人とか、博愛主義的な人が、自由意志に基づいて始めるものだと思っている。

違いますよ。

「あ、贈与されちゃった。はやく反対給付しないと……」というふうに感じた人が始めるのです。

だから、贈与は「したい／したくない」とか「できる／できない」というような枠組みで論じられる話ではありません。

あなたの意志なんか誰も訊いてないから。

あなたの博愛主義的傾向とか、定期預金の残高とか、そんなこと誰も訊いてないから。

人間性がどうであるとか、手持ちの資源に余裕があるとかないとか、そんなことは贈与には何の関係もありません。

あなたが「すでに贈与を受けた」と感じているかどうか、それだけが問題なのです。

以前、ある雑誌の編集者に贈与について話していたところ、こんな質問を受けました。


「『贈与』といっても、普通の人は自分では創造的なものを生み出すことはできません。ですから、ほんのひと握りの人が生み出した創造物を『パス』したり、それが世の中に伝《でん》播《ぱ》しやすいように周囲を掃除したりすることによって、社会に対する『贈与』をしてきたんだと思うんです。ところが、そういう「パス」とか「掃除」の形を取った『贈与』は、ここ数年のＩＴインフラの普及でどんどん不要になってきました。検索すれば無料で必要な情報にたどりつけるようになって、本や雑誌も売れなくなっています。技術革新によって、多くの人から『贈与』の機会が奪われてしまっている」


うーん、なんだか微妙にニュアンスが違うように思います。

そもそも贈与は「創造」と関係ありません。

「自分は『創造』に遅れた」という遅れの意識、「自分は『誰かが創造したもの』を気がついたらもう受け取ってしまっていた」という被贈与の意識（レヴィナス先生が「始原の遅れ」（initial aprés-coup）と呼んだもの）が贈与を起動させるのです。あるのは「受け取ってしまった」という被贈与感と、「だからお返しをせねば」という反対給付の義務感だけです。

## ああ、これは私宛ての贈り物だ

贈与というのは、「そんなことがあったかように思えるけれど、そこまで遡ることのできない過去の出来事」です。

レヴィナス先生はそれを「かつて一度も現在になったことのない過去」という言葉で言い表したことがあります（レヴィナス先生は本当に見事な表現を駆使しますね）。本当に、それ以外に言いようがありません。

でも、説明のために、もう少しわかりやすい比喩を使って申し上げましょう。

ある人が自分たちのテリトリーの周縁部を歩いていたら、「なんだかよくわからないもの」が置いてありました。それを見て、その人は「ああ、これは私宛ての贈り物だ」と思いました。そして、反対給付の義務を感じて、とりあえず背中に背負った袋の中から手持ちの「うちの特産品」を取り出して、そこに置いて立ち去りました。

しばらくして、別の部族の人がそこを通りかかったら、「なんだかよくわからないもの」が置いてありました。それを見て、その人は「ああ、これは私宛ての贈り物だ」と思いました。そして（以下同文）。

これが「沈黙交易」という経済活動の原初的形態が始まったときの起源的事況だと僕は思います（見てきたわけじゃないから、想像ですけど）。

交換の最初にあったのは「贈与」ではありません。

「ああ、これは私宛ての贈り物だ」と思った人間です。

彼がそこに見た「なんだかよくわからないもの」は風で吹き飛ばされてきたものかもしれないし、動物が咥えてきたものかもしれないし、よその部族の人が「こんなゴミいらねえや」と捨てていったものかもしれない。

なんだっていいんです。

「これは私宛ての贈り物だ」と思う人が出現したことによって贈与のサイクルは起動する。

きっかけはなんだっていいんです。「贈与された」と思う人の出現によって贈与が事後的に「あったこと」にされる。

これは信仰の始まりと同じです。

「神がいる」と思う人の出現によって「神」という概念は受肉します。神の存在を信じる人がひとりもいない世界に神はいません。いても何の機能も果たせないから。「造物主」という概念が立ち上がるのは、被造物たちのうちの誰かが「あ、私って、誰かに創造されたんだ」と思ったときです。それまでは「創造」という概念そのものが存在しない。

贈与は「私は贈与した」という人ではなく、「私は贈与を受けた」と思った人の出現によって生成するのです。

# 「目に映るすべてのことはメッセージ」

例えば、今僕はこうやって贈与について縷々語っていますけれど、これだってすでに反対給付なわけです。僕に贈与についてのアイディアを与えてくれたすべての人たちからの贈与に返礼する義務を感じて、彼らが言おうとしたことをできるだけわかりやすく説明しようとしているのです。

レヴィナスからも、レヴィ＝ストロースからも、モースからも、マリノフスキーからも大切なことを教えていただきました。ジョン・スタージェス（『大脱走』の監督です）にも教えていただきました。

それを誰かに伝えないと、義理が果たせない。

ユーミンにだって教えていただきました（ついさっき）。「やさしさに包まれたなら」がたまたま車の中でiPodから流れていたんです。

こんな歌詞です。

「カーテンを開いて、静かな木漏《こも》れ陽《び》の、やさしさに包まれたなら、きっと、目に映るすべてのことはメッセージ」

聴いて、はっとしました。これは贈与論ではないか、と。

「目に映るすべてのことはメッセージ」ですよ。この感覚のことを「被贈与の感覚」と僕は申し上げているわけです。

誰もメッセージなんか送っていないんです。

木漏れ陽は誰かからのメッセージじゃありません。ただの自然現象です。でも、ユーミンはそこに「メッセージ」を読み出した。自分を祝福してくれるメッセージをそこから「勝手に」受け取った。そしてその贈り物に対する「お返し」に歌を作った。

その歌を僕らは聴いて、心が温かくなった。「世界は住むに値する場所だ」と思った。そういう思いを与えてくれたユーミンに「ありがとう」という感謝を抱いた。返礼義務を感じたので、とりあえずCDを買った（昔だったので、買ったのはLPですけど）。

そして、はじめてこの歌を聴いてから35年くらい経ってからも、こうやって「あれはいいね」という文章を書いている。

そういうことです。

贈与は「かたちあるもの」ではありません。それは運動です。

## そのリストが長ければ長いほど

だから、交換のチャンスが増えれば、それだけ贈与を受ける機会が増え、反対給付する手立ても増える。

そういうものです。「ネット環境が整ったから、贈与する機会が減る」ということはありません。論理的にありえない。

それだったら、電話ができたときにも贈与する機会が減ったはずだし、郵便制度ができたときにも贈与する機会が減ったはずだし、年金福祉制度ができたときにも、国民国家ができたときにも、鉄道が発明されたときにも、船が発明されたときにも、手旗信号や烽火が発明されたときにも、道路が作られたときにも、贈与の機会は減ったはずです。

もし贈与の機会が「仲介の手間」と相関するなら、そういうことになります。文明の進歩とともに、すべてのコミュニケーションの機会が減ったはずです。

でも、そうなっていない。

実際には、他者と接触する機会が増えるごとに、「贈与されるチャンス」も増えます。「おお、これは私宛てのパーソナルな贈り物ではないか……」という「反対給付のきっかけになる機会」は文明の進歩とともに増加することはあっても、減少することはありません。

もし、現代社会において贈与と反対給付の交換活動が停滞しているとしたら（実際しています）、それは人々が交換の本義を忘れたからです。

交換の本義を忘れて、交換とは「金儲けのためにすることだ」「自己利益を増大させるためにすることだ」と思ったからです。

「たくさんの人と交換すると『グローバルな人間』になれる」とか、「文化的バックグラウンドの違う人と交換すると、『他者開放性の高い、倫理的な人間』だと世間から評価される」とか、功利的な目的に交換を従属させてしまったせいで、「そんなことのためなら、オレはいいよ。交換なんか。贈与なんかして欲しくないし、反対給付する義理なんかオレにはないよ」というようなことを言い出す人が出てきてしまった。

繰り返し言いますけれど、交換は「それをするといいことがある」からやるんじゃありません。「もう贈与されちゃったから、反対給付しないわけにはゆかない」からするんです。

友だちに「おはよう」とにっこり笑って挨拶されたら、無視するわけにはゆかないでしょう？　無視してもいいけど、そのときには「ほんとは返礼しなくちゃいけないんだけど、オレはそれをあえてやらない」ということを何らかの仕方で自分に対して合理化しないといけない。例えば、「挨拶なんて無意味だ。コンテンツ、ゼロだし。だいたい今ぜんぜん朝早くねえじゃん」みたいなことを頭の中で独語しないといけない。そういう理屈を考えるのは、ほんとうは『おはよう』と言われたら、『おはよう』と返礼しなければいけない」ということが身体に沁みついているからです。

幼児のときに、母親ににっこり笑いかけられたときに、笑い返して、とても幸福な気分になったことがあり、そこからコミュニケーションを学習し始めた人間であれば、誰でもそのルールは身体に沁みついている。だから、それを解除するためには、何らかの理屈が要る。

理屈をこねないと非礼なふるまいができないのは、反対給付義務を感じているからです。

「反対給付義務を感じない人」というのがいるとしたら、それは自分に向けられた「おはよう」という挨拶を「自分宛てのメッセージ」だと認識できない人です。

そういう人は仕方がない。贈与のサイクルから出て行ってもらうしかない。そのような人は他者と協働的に生きていく能力がないと判定されるからです。

市民社会のフルメンバーであろうとしたら、「まず贈与を受け取る立場」から始めるしかないんです。

僕たちは自分の命を自分で創り出したわけじゃない。自分が使っている言葉も自分で発明したわけじゃない。自分が信じている「オレは自分の得にならないことはやらないぜ」というロジックにしても、誰かの請け売りなんです。

人間的な営為のすべては「贈与を受けた立場」からしか始まらない。そして、市民的成熟とは、「自分が贈与されたもの」、それゆえ「反対給付の義務を負っているもの」についてどこまで長いリストを作ることができるか、それによって考量されるものなのです。そのリストが長ければ長いほど、「大人」だということになる。そういう話です。

# 「市民的成熟」の条件

「目に映るすべてのことはメッセージ」というのは、「私のまわりのすべてのものは、私に宛てて挨拶を送っている（だから、そのすべてに私はお返しの挨拶をする義務がある）」という宣言です。

「目に映るすべてのものは私に宛てていかなるメッセージも送っていない（だから、そのすべてに対して私は何の挨拶も返さない）」という宣言をなす人間を想像してみてください。

静かな木漏れ陽を浴びても何も感じない人間。

それが贈与のサイクルから「下りた」人間です。

では、贈与のサイクルにいるのは、どんな人でしょう。

電車が時刻表通りに来れば「ＪＲさん、ありがとう」と手を合わせ、電灯を点けると「エジソンさん、ありがとう」と手を合わせ、ＰＣを起動するときは「ジョブズさん、ありがとう」と手を合わせるような心の人です。

そういう人は、「このすべての贈り物に対して、私も何かせずばなるまい」と考える。それが「市民的に成熟している」ということの条件だと僕は思います。

海洋や森林や河川や大気のような自然資源も、鉄道や通信や電気・ガス・水道のような社会的インフラも、学校や病院や司法制度や行政機構のような制度資本も、すべて「あって当然、で、オレがそれを利用するのも当然の権利」だと思っている人、だから何の感謝もしないし、そのような社会的共通資本を維持するために身銭を切る気がまったくない人。そういう人のことを「市民的に未成熟な人間」だと僕は呼びます。

贈与のサイクルに参与できない人が増えているのは、市民的成熟を果たしていない人が増えたからです。

今僕たちの社会は「子ども」ばかりになっている。見た目は老人であっても、偉そうにしていても、「子ども」は「子ども」です。大人がどんどん減って、子どもばかり増えてきたので、贈与のサイクルが停滞している。そのせいで、「こんな世の中」になっているのです。

もう一度、贈与のサイクルを起動させなければならない。

それは別に隣の困っている人に何かしてあげなさいとか、そういう話じゃないんです(もちろん、そうしていただくのはたいへん結構なことなんですけど、そこから始まるわけじゃないんです)。

みなさんにして欲しいのは、ユーミンが歌ったとおり、「目に映るすべてのことはメッセージ」ではないかと思って、まわりを見わたして欲しいということ、それだけです。

# 贈与の訓練としてのサンタクロース

小さな子どもを持つ親の多くは、サンタクロースを演じます。子どもには気づかれないように、しかし子どもが欲しがるプレゼントを枕元に置くサンタクロースというのは、ある意味で「贈与」の理想のように感じます。

サンタクロースの存在をいつまで信じていたのかという問いの答えは人によってさまざまで、僕が訊いた中では「20歳すぎまで信じていた」という人もいましたし、「小学校低学年でわかった」という人もいました。

ただ、共通するのは、あるクリスマスの日に一挙にわかったのではなく、何年かかけてしだいにわかってきたということです。

実際にお父さんが枕元でごそごそやっているのを子どもは視認することもよくあるわけですけれど、そういう場合には、「お父さんは夢遊病状態にあり、サンタさんが憑依《ひょうい》して、その贈与行為を代行しているのである」という説明を子どもたち自身が（しばしば自主的に）採用して、その事態を合理化しているようです。

子どもを持つ何人かからの聞き取りではおおむねそうでした。

僕はこの、「親が枕元でごそごそしているのを現認してしまった子ども」がそれにもかかわらずサンタクロースの存在を合理化しようとするというダイナミックなプロセスにこそ、この風習が広く世界に普及し、これからも決してなくならない理由があるような気がします。

子どもにプレゼントを贈与する親たちはその行為を通じて個人的な愛情とか、気配りとかいうものではなく、ある種の「類的なふるまい」を果たしている。個人を超えたもっと巨大な「意志」を遂行している。

そういうふうに考えることができないでしょうか。

世界中の親たちがクリスマスイブの晩に一斉《いっせい》にごそごそしているという図柄を地球外の、例えば人工衛星から見たら、壮観だろうと思います。

となりに火星人がいて、「ねえ、あれ、世界中で何やっているの？」と訊かれた場合を想像してみてください。

人知を超えた巨大な意志を想定しないと、この不思議な風景を説明することはできません。

## 「お返しできない」ということ

クリスマスプレゼントという習慣の最大の意義は、その「スケール」だと僕は思います。

世界中の人たちが（イスラム圏とか、ユダヤ教圏とかは別にして）この儀礼に参加しています。これだけ参加者の多い宗教儀礼はたぶんクリスマス以外に存在しないだろうと思います。他にもキリスト教由来の儀礼はいくつもあるのに（イースターとか、ハロウィンとか）、なぜクリスマスだけが例外的にスケールが巨大なのか。

それはこれが「贈与」の儀礼だからだと僕は思います。

いかなる見返りも求めない一方的な贈り物の儀礼。

なにしろ、子どもたちにプレゼントをする親たちは「贈り主であるのに、あえて名乗らない」んですから。

親たちがあえて固有名を名乗らず、「サンタさん」という偽名を全員が採用している。それはこの儀礼が贈与の本質を教えることを目的としているからでしょう。

最初からそれが目的の儀礼であったかどうかは知りませんが、いつのまにか、クリスマスの「親から子へのプレゼント」だけが「純粋贈与」儀礼として典礼化し、生き残った。

純粋贈与というのは「返礼をすることができない」ということです。

贈与に対しては反対給付義務を感じる。もらったら、「もらいっぱなしでは悪い」という気分がしてくる。これは当然のことです。

何かを贈与されたときに「返礼せねば」という反対給付義務を感じるもののことを「人間」と呼ぶわけですから。贈与されても反対給付義務を感じない人は、人類学的な定義に従えば、「人間ではない」。

ほんとうにそうなんです。

## ありがたい＝有り難い＝存在可能性が少ない

太陽の光は地上に豊かに降り注いで、そのエネルギーの贈与のおかげで地球上の生物は生きているわけですけれど、それを「ありがたいなあ」と感じた人が出現してきて、「返礼」を「天に対する儀礼」（農作物を捧げたり、生け贄《いにえ》を燃やしてその烟《けむり》を天に贈ったり）として行うことから宗教は始まった。私たちが今享受している資源は「贈与されたもの」だという自覚から宗教は始まったのです。

太陽の光があるのは当然だ、と思う人は太陽の恵みに「感謝する」という行動を思いつきません。「ありがとう」というのは文字通り「有り難い＝存在可能性が少ない」ということです。その「有り難い」幸運に今巡り合った。たまたまこんないい思いをさせていただいた。だから、感謝する。「贈り物を受け取った」ということに気づいて、「感謝」の義務を感じたものが登場する。

それが贈与ということの本質です。

贈与と反対給付という概念を持ったときに原始の宗教は始まった。そうだと思います。

贈与という概念を持たない人間には宗教がない。宗教がないということは、端的にコスモロジーがないということです。天と地、過去と未来、善と悪、昼と夜、男と女……そういった世界を整序する枠組みがないということです。

人間の人間性を基礎づけるのは「私は贈り物を受け取るという有り難い経験をした」という覚知です。そこから人間は始まる。人間の世界を整えるコスモロジーが生まれる。だから、子どもを育てるときに「贈与とは何か」ということを教えるところから始めるというのは、まことに理にかなったことなのです。

## その贈り物を返す相手は誰か

クリスマスプレゼントというのは、きわめてよくできた「贈与の訓練」だと思いますが、今のようなかたちになった歴史的起源はかなり最近のものだと聞いています。赤い服を着て、トナカイの橇に乗った白髯のサンタクロースという造形が定着したのは19世紀末か20世紀初めらしい。ということはわずか１００年の歴史しかない現代的な宗教儀礼だということです。でも、その近代的な発明品がまたたくうちに世界を席巻した。

それだけその儀礼には「力があった」ということです。それだけ贈与の訓練のためのシステムとして「出来が良かった」ということです。

クリスマスプレゼントが成り立つ条件というのはいくつかあります。

第一に、贈与者は「自分の名前を名乗ってはならない。『サンタさん』というある種の普通名詞的存在に贈与者の地位を譲らなければならない」ということ。

だから、贈り物に対する返礼を親たちは子どもから直接には受け取ることができない。

第二に、プレゼントについて子どもたちは事前に「こんなものが欲しい」という申告をなすことを許されるのだが、必ずしもそれがそのまま与えられるわけではなく、微妙に「欲しいもの」と「贈り物」がずれる。でも、それは「欲しいと言ったものがそのまま来た」場合よりも、なんとなく「クリスマスっぽい」という印象を子どもたちに残します。

「求めていたのはちょっと違うものが贈られる」というのが贈り物の本質的な属性だとい

うことを子どもたちはこの儀礼を通じて少しずつ学習してゆきます。

第三に、先ほど書いたように、ある年齢に達すると、子どもたちは「サンタさん」は実在するわけではなく、ある種の「機構」というか「システム」というか「儀礼」であるということを知ります。それを親たちはいわば「負託」されて、「代行」している。この贈与行為は親たちの個人的な発意でなされているわけではなく、親たち自身があるルールに従って、それを行うことを余儀なくされている。そういうことがぼんやりわかってきます。

その過程で、「枕元でごそごそやっている父親」を「サンタに憑依されて、夢遊病状態でサンタのプレゼント分配を代行している人」とみなすという「合理化」が行われます。たぶん、この「サンタさん＝親」という矛盾の合理化において、子どもたちの宗教性のいちばん根っこの部分が形成される。

僕はそんなふうに思います。

親たちというのは個人であると同時にある種の「集合的機能」です。その判断や言動は、個人的な起源を持つものであると同時に集団的な起源を持ってもいる。親たちの口を通じて「集団的な叡智」や「長く継承された口伝」のようなものが語る。そういうことがあります。親たちの口を通じて「他者が語り」、彼らの行動を通じて「他者が行動する」ということを、子どもはたぶん「サンタさん＝親」を発見したときに、同時に発見する。そういうことではないでしょうか。

第四に、この最初の「被贈与経験」について、子どもたちは反対給付義務を感じるわけですけれど、お礼をする相手が今はいない。親にプレゼントを返してはダメなんです。それは、いわば「もらった分だけ返すから、これでチャラね」という意味になり、贈与の連鎖はそこで断ち切られてしまいます。贈与の連鎖は何があっても断ち切ってはならない。

これは贈与のいちばん大切なルールです。パスを受け取ったら、次のプレイヤーにパスを回す。自分のところにとどめてもいけないし、パスを送ってくれたプレイヤーにそのまま戻してもいけない。次のプレイヤーへパスしなければならない。

クリスマスプレゼントも同じです。

親から受け取った贈り物を返す相手は自分の子どもです。

今から20年後、30年後に、自分の子どもに対して「サンタさん」の贈与の代行をする。そのことによってしか贈与への反対給付は完成しません。

ですから、子どもの立場としては、親がサンタさんの代行をしているとわかったときも、お礼に「肩たたき券」とか「皿洗い券」のような（履行《りこう》されることのあまりない）プレゼントを返するくらいが手頃なんじゃないでしょうか。

というわけで、クリスマスプレゼントは全世界的な儀礼ですので、ぜひどなたもがんばって実践していただきたいと思います。そして、「サンタさんて、ほんとはいないんだね」とぽつりとつぶやいたときに、子どもたちの中に宗教性の本質についての理解が芽生えたことを言祝《ことほ》いでください。

# わらしべ長者が教えてくれるお金の話

**贈与や交換ということを考えるとき、「お金」という道具は決して無視できない、大きな要素であると感じます。「お金」とはいったい何であり、どのように付き合っていけばいいのでしょうか。**

貨幣はたいへん「よくできた道具」です。人類の発明したものの中で最高に出来がいい「物神（フェティッシュ）」のひとつでしょう。

誤解して欲しくないのだけれど、僕は「物神」という言葉を貶下《へんか》的な意味で使っているわけではありません。「物神」は人間だけが持てる幻想です。そうである限り、人類の文明的達成のひとつとして高く評価すべきものです。

でも、それはあくまで「幻想」です。

そういう「幻想」があると、ないより「いいことがある」という計量的な判断を踏まえて採用された装置です。

個人のレベルでは「命より金が大事」というような倒錯はありえますが、集合的叡智としてはありえない。

集合的に言えば（マルクスなら「類的に言えば」と言うところですが）、貨幣は「恣意的に定めたゲームのルール」のひとつに過ぎません。

でも、「ゲームに勝つためには命を削ることを厭わない」というタイプの倒錯を伴わない限り、それはゲームのルールとして機能しない。

そこにゲームの味わいの深さがあります。遊びなんだけれど、真剣にやらないと遊びにならない。

## 使用価値のまったくない商品

貨幣は人類史のある時点で、人間が「発明したもの」です。「発見したもの」なのかも知れません。まあ、どっちでもいいです。

貨幣は「商品」です。でも、ふつうの商品とは違います。貨幣は「使用価値のまったくない商品」です。

最初からそうでした。

人類が最初に採用した貨幣は「サクラガイ」や「巨石」でした。その時代に暮らしていた人々にとっても、「おお、これがあったおかげで、ほんとに助かったよ」と日用の便に役立つようなものではなかった。

はなっから、「有用性」は当てにされていなかったのです。

貨幣が貨幣であるための唯一の条件は「それがすでに貨幣として流通している」ということです。強いてもうひとつ条件を書き加えるなら「簡単には手に入らないもの」ということです。

私たちが今使っている紙幣は使用価値ゼロの商品です。洟《はな》もかめないし、焚《た》いて暖をとることもできないし、メモも書けない。

でも、紙幣を作ろうとすると、特殊な紙を手に入れたり、特殊な印刷技術を駆使したり、大変な手間がかかる。

使用価値がない商品であるにもかかわらず、それを生産しようとすると、額面の価値以上のコストがかかる。

だから、日本円で1万円札が上限であるというのは、かなり合理的なラインなんだと思います。1万円札を精密に偽造するコストはたぶん1万円では足りない。もし、100万円札がふつうに流通していたら、偽造のコストが99万円かかっても元が取れる。たぶん、そのへんのぎりぎりのラインを狙っているんでしょう。

使用価値がゼロであるというのは、言い換えると「持っていてもしかたがない」ということです。

つまり、この世にあるすべての商品の中で、「持っていてもしかたがない。何か別のものと交換しないと意味がない商品」というのは貨幣だけなのです。

貨幣はまさに「そのようなもの」として創造されました。

貨幣の存在理由は「交換を加速すること」、それだけです。交換を加速するのにもっとも適した商品、それが貨幣です。

その条件を満たすものであるなら、何でもいいんです。サクラガイであってもいいし、金属であってもいいし、紙幣であってもいいし、電磁パルスであってもいい。何でもいいんです。みんなが「これは貨幣だ」と認めさえすれば。

貨幣の本質は「交換を加速すること」です。それは「貨幣には意味がないが、交換することには意味がある」ということです。

１００万円札がないのはそのためです。１００万円札は「98万円」とか「75万３０００円」とかいう価格の商品を買うときには財布から出しても大丈夫ですけれど、コンビニで「ちくわぶ」と「おかかのおにぎり」とか買うときに出したら殴られます。たしかに貨幣としての価値はあるのだけれど、「おつり」を渡すために、コンビニの店員さんが近くの銀行にまで走ってゆかないといけない。交換するときの手間がかかりすぎるから１００万円札は貨幣としては「出来が悪い」ことになります。

もう一度言いますけれど、貨幣そのものには意味がありません。交換することに意味があるのです。

## 「ババ抜き」というゲームが映し出すもの

貨幣は「それ以外の商品と交換しない限り、何の意味もない」ものです。ひとたびある商品を「貨幣」と認定すると、それは他のいかなる商品よりも高速で交換の場を行き交うことになります。

「ババ抜き」というのは貨幣の本質をみごとに映し出したゲームだと思います。「ババ」というのは実は貨幣の暗喩《あんゆ》なのです。それ自体には何の価値もない代わりに、プレイが続行している限りは特段の害もありません。でも、それを最後まで手元に留めていて、ほかのものとの交換の場に差し出し損なうとプレイヤーは敗者になる。だから、「ババをつかんだ」プレイヤーが誰であるかを当てることは子どもにもできます。他のどのプレイヤーよりも早く札を交換したがる人、「はやく札を引いてくれ」と隣の人をうるさく促すやつが「ババをつかんだ」やつです。

貨幣の効果はまさにそこにあります。それを所有した人間が「早く交換しようぜ」と浮き足立つことです。

所有している貨幣の量と、その人の交換への切迫度はあきらかに相関します。机の引き出しの奥に1円玉が転がっていても、僕たちはあまり気にしません。でも、押し入れの中に宝くじで当てた3億円がしまってあるとそうもゆかない。これをこのまま持っていると、泥棒が入るかもしれない、家が火事になるかもしれない、インフレが起きたら貨幣価値が暴落するかもしれない……あれこれ考えると夜も寝られません。とりあえず銀行に預けて一時だけほっとする。でも、これは「瓶に入れて床下に埋めた」というのとは違います。銀行に預けられた3億円はただちに貸し出されたり、株券や国債に姿を変えて、誰か別の人間の懐《ふところ》に移動するからです。

「このまま手元に置いておくと、そのうちとんでもないことになるかもしれない……」というどきどきするような切迫度が、3億円は1円玉の3億倍である、と。そういうふうに言ってよいかと思います。

貨幣の人類学的価値を構成するのは人を交換の場に駆り立てることなのです。

## 貨幣は何をしたがっているのか

だから、貨幣を侮ってはいけない。でも、人間が発明した装置である以上、貨幣の本質を見失ってもいけない。

貨幣はあくまで「人間が作りだした仕掛け」です。その事実を見落とすと、貨幣との関係が狂ってしまう。「貨幣との関係が狂う」というのは、端的には「貨幣とご縁がなくなる」ということです。

お金持ちというのは、あえて言えば、「貨幣の本質＝交換の本質を理解している人」のことです。貧乏人というのは、ひどい言い方を許していただければ、「貨幣の本質＝交換の本質を理解していない人」のことです。

でも、ほんとうにそうなんです。貨幣の本質＝交換の本質を理解していない人のところに貨幣は集まってきません。

ほんとに。

貨幣は物神です。神ではありません。ですから、「貨幣は物神である。でも、物神には物神なりの筋目があり、立場があるんだから、その辺は配慮してあげないとねえ……」という細やかな気遣いに「弱い」。

「貨幣さんは、いったいどういうふうに扱って欲しいのかな？」という問いを貨幣に向けるもののところに貨幣は集まります。

当たり前ですよね。貨幣だって生き物ですから、気遣ってくれる人のそばにいるほうがいい。

貨幣は自分を媒介にして何をしたがっているのか？

この問いをまっすぐに受け止める人が「貨幣と縁がある人」です。

「自分は」貨幣を媒介に使って何をしたいのか？

こういう問いを立てる人はあまり貨幣とご縁がありません。悪いけど。

貨幣は生き物です。だから、気遣って欲しいし、仲間を増やして欲しいし、とにかく「運動好き」なんだから、運動させて欲しい。それを満たす環境さえ提供すれば、貨幣は集まります。

## 問題は自分ではなく、他者の欲望

お金についてのきわめて含蓄の深い寓話《ぐうわ》をひとつご紹介します。

「わらしべ長者」という童話です。こんな話です。

男がわらしべを一本持って旅に出ました。顔の周りにあぶが飛んでうるさいので、それをつかまえてわらしべに縛って持ち歩きました。すると向こうから来た子どもが「あのおもちゃが欲しい」と言い出し、子どもの母親がそれをミカン一個と交換してほしいと頼んできました。あぶとミカンを交換して、また歩いていたら、喉《のど》が渇いて死にそうだという旅人に出会いました。もらったミカンを差し出すと、旅人は代価に反物をくれました。その反物を持って歩いていたら、死にかけた馬との交換を持ちかけられました。交換したら死にかけていたはずの馬がそのうち元気になりました。元気になった馬を連れて歩いていたら、急ぎの旅に出かける人と出会って、「私の家を君に託すから、馬をくれ」という話になり、馬と家一軒を交換しました。でも、待てど暮らせど馬と男は帰ってこなかったので、男はそのまま家を手に入れ、長者さまになりました、という話です。

この物語には交換というものの本質がみごとに描かれています。

交換の条件。

まず、移動し続けるということ。

ふたつめは、交換を持ちかけられたら、必ず「うん、いいよ」と答えること。

問題は自分の欲望ではなくて、他者の欲望だからです。

わらしべ長者は「自分が欲しいもの」を求めて歩いていたわけではありません。「誰かが欲しがるかもしれないもの」をなんとなく手にぶら下げて、それに救いや愉悦を見出す人に出会うまで歩き続けたのです。

彼が手に持っていたものに内在的な価値があったわけではありません。「わらしべに縛り付けたアブ」はそこに「わくわくするようなおもちゃ」を見出す子どもが出現するまで無価値なものでした。反物と馬の交換の場合、男はほとんど詐欺に遭ったのでした（だって、「死にかけた馬」ですからね）。

でも、男は気にしなかった。

自分が持っているものを「欲しい」という人間が登場してきたら、交換比率がどうだとか、どれくらい儲けが出るかとか、そういうことを男は考えませんでした。

ただ、「うん、いいよ」とすらっと交換した。

この寓話の勘所《かんどころ》はここにあります。

男はこの短い物語の中に登場するすべての人物の中で「移動すること・交換すること」以外に何もしない唯一の人間です。

そういう人間だけに「長者」になるチャンスが訪れる。

価値はものそのものに内在しているわけではありません。それに「価値がある」と思うものの出現まで、男が持っているものは無価値です。ものの価値は交換したことによって、事後的に「あれには価値があった」というかたちで回顧的にしか成立しない。あるものに「価値がある」と言い出す人間の出現によって、価値は無から生まれる。それが「交換の奇跡」です。

ですから、男が最後に「馬」という「高速移動手段」を「不動産」と交換したときに物語は唐突に終わります。家はもう持ち歩くことができない。だから、男は歩みを止めるしかありませんでした。そして、男が歩みを止めたときに、交換も終わりました。

そういうことです。

この物語には「経済」についてのいくつもの大切な教訓が含まれています。ほとんどすべての教訓が含まれていると言っていいかもしれません。どれだけ多くの教訓を引き出せるかで、その人の社会的成熟度がわかります。

ゆっくり考えてみてください。

# 大人になるとは

あらゆるものに「被贈与」の感覚を覚え、贈与のサイクルを回すということは、別の言い方をすれば、「大人になる」ということそのものではないかと感じました。ただ一方で、「大人になる」とはどういうことかを定義するのは難しいとも思います。一体、どういう人が「大人」なのでしょうか。


「大人とはどういう人のことか?」

あまりにもにべもない回答なので、お答えすることがちょっと躊躇《ちゅうちょ》されるのでありま す。

「大人とはどういう人のことか?」

お答えします。

「あなたが大人だと思う人、それがとりあえず『あなたにとっての大人』です」。以上。ね、にべもないでしょう。でも、他に書きようがないんです。答えは以上でおしまいですが、なぜこれが答えになるのかについては、長い説明が必要ですから、それについて書きます。読みます？　ちょっと長いですよ。

## それは一種の作品

「あなたが大人だと思う人」、それがとりあえず「あなたにとっての大人」です。あなた以外の人が誰を大人だと思っているか、それはどうでもいいんです。だって、そんなこと人と議論したり、合意形成したりすることではないからです。

「オレはヤマダさんは大人だと思うよ」

「え、そうかな。オレはスズキさんが大人だと思うよ」

ふつうそれで終わりですよね。それ以上続けようがない。だって、「どう見たって食わせ者でしかないヤマダさん」のことを大人だと思っている彼にその判断の不適切さを納得させることは理論的に不可能だからです。人物鑑定眼というものは、申し訳ないけど、知識として教えられるものではありません。客観的に挙証できるものでもありません。

現に世の中には「インチキ霊能者」とか「投資コンサルタント」のことを信じ切ってたいへんな目に遭う人が絶えないわけですけれど、そういう人たちのまわりにだって「ちょっと、あんな人信用して大丈夫なの……」と助言した人はいくらもいると思うんですよ。

でも、耳を貸さなかった。

そういうものなんです。「人を見る眼」というのは、「ありもの」を借りてくることも、誰かに教えてもらうこともできない。煮え湯を飲んで、赤恥をかいて、身銭を切って自分で身につけるしかない。

「この人は見識の高い人だ。私はこの人を信じて、どこまでもついてゆくつもりだ」という人がいたら、黙って静かに微笑んで、「あ、そう。よかったね」と言ってスルーするしかありません。

「あの人は大人だ」という言明については、他人は絶対にその選択の適否についてコメントしてはいけません。というのは、「あの人は大人だ」というのは、単なる事実認知的言明ではなく、「私はあの人をロールモデルにして、これから人格陶冶《とうや》に励《はげ》むつもりだ」という遂行的誓約でもあるからです。

「大人」というのは、その人にとっての、いわば「理想我」なわけです。うかつな批評は禁物です。

だから、人のことなんかどうだっていいんです。

一般的に「大人とは何か」なんていう条件を実定的に列挙したって、ぜんぜん無意味なんです。

経済的に自立しているとか、自分のプリンシプルが確立しているとか、テイストにこだわりがあるとか、そんな条件なんかいくら挙げても「万人にとっての大人」は出てきません。だって、問題は「あなた自身が誰を大人だとみなしているか」だけなんですから。

あなたの選択はそのままあなた自身の個性と成熟度が現れる。あなたが誰のどんな生き方を成熟の道筋として思い描いているか、それがあなたが誰を「大人」だと思うかにそのまま映し出されます。

そういう意味では「私にとっての大人」というのは、一種の作品なんです。「創造」と言ってもいい。なにしろ「理想我」なわけですから、どんな「ありえないもの」だって構わないわけです。むしろ、「私にとっての大人」像にどれくらいオリジナルで、個性的な像を描き出せるかを僕たちは競っているのかもしれません。

## ほとんど完全な調和のうちにあった

だから、個人的な話をします。

僕の「大人とは何か」という定義に大きな影響を与えた人の話。

その人は、今から30年ほど前、浅草の柳川鍋《やながわなべ》の店で見たひとりの、名も知らぬ中年男性です。その日、僕はアメリカから遊びに来た、サンフランシスコ育ちの甥と姪に「いかにも日本的な場所」を見せて上げるために彼らを浅草に案内しました。そして、夕食には、これまたいかにも日本的な泥鰌《どじょう》を食べに連れて行きました。

僕たちががやがやと店に入って、畳に座ったとき、少し離れたところにひとり端座《たんざ》しているその紳士の食べ方がふと目に止まりました。なぜか、視線がとらえられた。どう言ったらいいんでしょう。彼はまことに端正な食べ方をしていたのです。鍋から泥鰌と牛蒡《ごぼう》とを小鉢に取り分け、葱《ねぎ》と七味をたっぷりとかけ、さっと口中に投じる。右手を伸ばしてお猪口《ちょこ》に熱燗《あつかん》を注ぎ、それをすっと飲み干す。間髪を入れず鍋に箸《はし》を延ばし……という動作を淡々と、リズミカルに繰り返していたのです。

最初のうちは、ああ、柳川をひとりで食べている人がいるんだなあと、僕はぼんやりそちらを見ていた。まあ、居酒屋でもバーでもそうですけれど、ひとりで黙って飲んでいる人って、何となく目が行きますよね。どんなふうに飲んでいるだろうって、気になるじゃないですか。

だって、バーカウンターでひとりで飲んでいる男って、かっこつけているから。オレはこういうところでひとりで飲むなんてことに慣れ切っているんだよ。大人だから。粋《いき》だから。だから、ぜんぜん自意識過剰なんかになってないし、まわりの視線なんかぜんぜん気にしてないんだよ、ということを全身でアピールしてるでしょ。そういう過剰な自意識と、「視線を感じていないふりをする演技」の作為が面白くて、つい見ちゃうんです。

でも、この紳士の場合は、まったくそうではなかった。周りの視線なんかぜんぜん気にしていない。

しばらく眺めているうちに気がついたんですけど、その人の柳川鍋の食べ方は「完璧」だったんです。

流れるような動きなんです。

柳川鍋って大衆料理だから、値段そんなに高くないんです。かの紳士がきこしめしていた熱燗だって、多分二級酒だったと思います。店だってかなりくたびれて、煤《すす》けているし、赤く焼けた畳にすり切れかけた座布団が敷いてあって、その前に小さな七輪が置いてあるだけ。

決してゴージャスでもシックでもない平凡な舞台装置なんです。それにもかかわらず、その紳士の周囲にはある種の「美的結界」のようなものが構築されていました。

箸はあるべき動線をたどって葱をつまみ、徳利からはぴたりと量ったように盃《さかずき》一杯分の液体だけが注がれていた。その紳士は泥鰌とも牛蒡とも葱とも、薄い座布団とも焼けた畳とも、ほとんど完全な調和のうちにあった。

とりあえず、僕にはそんなふうに見えました。

僕が配膳《はいぜん》されてきた自分の鍋に気を取られていた一瞬のうちに、その紳士は席を立って姿を消していました。

「見事なものだ」と僕は思いました。

「大人とはこういうものに違いない」という確信を得たのです。どうしてそう確信したのか理由は今でもよくわかりません。

でも、そういうものだと思うんです。

だって、こっちは子ども（僕だってそのとき30歳だったんですから、「子ども」というのはどうかと思いますけれど）でしたから、どういう条件をクリアーすれば「大人」と認定されるのか、まだわかっていませんでした。でも、そのときに、その「泥鰌鍋紳士」を見て、「ああ、これが大人か」と腑に落ちた。

何だったんでしょうね。

今、周囲との完全な「調和」という言葉を使いましたが、それよりはむしろ「祝福」という言葉のほうが近かったのかも知れません。彼は七輪に、泥鰌に、牛蒡に、葱に、七味に、燗酒《かんざけ》に、すすけた梁に、焼けた畳に、ほつれかけた座布団に、そういったすべてに向かって、小さな、誰にも聴こえないような声で祝福を送っていたように思います。（今となっては、ということですよ。そのときにはうまい言葉が見つかりませんでした。だから、長いこと忘れられなかったんですけどね）

彼はこの小さな世界を形成している、すべてのささやかなものたちに対して「君たちのおかげで私は今ささやかだけれど、たしかに幸福な時間を味わっています。どうもありがとう」という感謝の言葉をかけていた。

少なくとも僕にはそんなふうに見えました。

バーでひとりでかっこつけて飲んでいる男があまりかっこよくないのは、彼と彼のまわりの世界の間に「親しみ」がないからですね、たぶん。

グラスやコースターやスツールやかかっている音楽や壁の絵に対して、「僕のためにこんな気分のいい瞬間を作ってくれて、ありがとう」という感謝と敬意があれば、「かっこつけている」というふうには見えないと思うんです。そういうときはグラスの中の液体と人間のあいだに目に見えない生きた「糸」みたいなものが生成するから。でも、「かっこつけてる」人間にとってはそうじゃない。そういうものは全部「小道具」扱いされるから。まわりの事物を自分をかっこよく見せるために道具的に利用している人間はかっこ悪い。

自分のまわりにある「もの」にのめり込んでいる人、それと一体化している人、みごとな調和を達成している人は、「かっこいい」。

僕にはそんなふうに見えたんです。たぶん。

## 蛇行する縫い目を見て

『エイリアン』という映画の主人公のエイリアンの造形を考え出したのはＨ・Ｒ・ギーガーですが、彼の最初のアイディアは「バイオメカノイド」という「生物機械混合態」でした。

どこからどこまでが生物で、どこから機械が始まるのか識別しがたい感じ。

それに類する「異物との一体化現象」を僕はたぶんかの柳川鍋紳士に感じたのだと思います。鍋と人間の間の境界線がぼんやり霞《かす》んで、「柳川鍋＝人間混合態」のようなものがそこに幻想的に立ち現れていた。

その世界への踏み込みの深さと、「ふつうの人間はそんなものに親しみを感じることのないもの」とまで親しい関係を取り結んでしまう共生能力の高さに、惹《ひ》かれたのかもしれません。

変な話ですけれど、それから後「大人とはどんな人のことか」ということが話題になると、僕が思い出すのはいつもこの泥鰌鍋紳士のたたずまいなのでした。

大人とは「その人が大人だと思っている人」のことだというのが今日の話ですが、僕がどうしてその紳士を自分の「理想我」に擬したのか、その理由は30歳の僕にはわかりませんでした。でも、それからさらに30年経って、いくぶんかわかってきました。

僕は「ささやかだけれど、大切なこと」に対して無言で祝福を与えるような人を「僕にとっての大人」だと思ったようです。30歳のときの僕がそういう人になりたいと思ったということは、もちろん僕が「そういう人」じゃなかったからですけれど、それから30年経って、少しはその理想に近づいたのでしょうか。

そんなことを考えながら、原稿書く手を休めて、前から気になっていたコートの裾のほつれを縫い直し、たまった洗濯物にアイロンかけました。そうしているうちに、あ、そうか。こういう細かい仕事をていねいにできる人が僕の理想だったんだということに思い至りました。

でも、蛇行する縫い目とアイロン皺《じわ》を眺めていると、なかなか理想我までの距離は遠そうです。

# 第4章

# 伝えるということ

# 最近の人がすぐにバレる嘘をつくのはなぜか

**政治家、作曲家、あるいは科学者など、さまざまな分野で、それなりの地位を築いてきた人が、「嘘」をつく事件が増えているように感じます。**

「嘘」が目立つようになってきました。連日、報道される事件の半数以上が「嘘」についてのもののような気がします（「気がする」だけで統計的根拠はありませんが）。

でも、メディアというのは「そのとき人々が読みたがっていること」を報道するものであって、それは出来事の「件数」とは直接には関係がありません。

学校の教師の不祥事《ふしょうじ》が続くときは、ふだんなら報道されないような小ネタでも教師がらみであれば報道される。警察官の不祥事が続くときも、政治家の不祥事が続くときも、ふだんなら報道されないことまで網羅的《もうらてき》かつ集中豪雨的に報道されます。

事件の件数そのものに際立った増減がなくても、「その話をしたがる気分」というものがあり、報道はそれに反応する。そして報道に煽《あお》られて、その「気分」はますます嵩《こう》じる。

でも、「その手の話」ばかりが紙面やテレビ画面を埋め尽くすようになると、今度は「膨満感《ぼうまんかん》」という別の「気分」が湧《わ》き出てきます。「もう、その話はいいよ」という「腹一杯感」を読者・視聴者が持つようになると、言及件数はふたたび減少して、別の不祥事に話題は移る。

そういうものです。

良い悪いを言ってもしかたがありません。

僕たちは世の中の出来事すべてに均質な注意を向け続けることができません。集中できるのは一時に一件だけだし、その注視もある程度以上の時間は持続できません。

2014年に、「嘘」が話題になったのは、人々が「嘘について話したい気分」になったからです。ゴーストライターに作曲させていた作曲家の話とSTAP細胞のデータ捏造と盗用の話、そのあとに野党党首の献金疑惑が続いたからだと思います。続けざまに「嘘」が話題になっている。だからこそ「嘘について」の原稿依頼も発生するわけです。

でも、いつもと同じように、この話題も人々の関心を引きつける期間はそれほど長くないでしょう。いつの時代も人間は嘘をつき続けており、嘘つきがいるのは今に始まった話ではないからです。

それでも、こうやってめぐってきた「嘘」と「詐称」と「捏造《ねつぞう》」の何度目かの「集中豪雨的」な話題の盛り上がりを見ていると、やはりそこにはそれなりの経年変化があることがわかって興味深いものがあります。「嘘のつきかた」に目立たないけれどもある種の変化が生じているのです。

「新しい傾向」とは、嘘をつく人たちが「すぐばれる嘘」をつくようになったことです。

## 可憐な人情がなくなった

現代における嘘の特徴は、今私が用いた「すぐ」という副詞に凝縮されています。変化したのは嘘のコンテンツではなく、嘘と時間の関係です。

「すぐばれる嘘」を人々はつくようになりました。常識的に考えて、「すぐばれる嘘」は「なかなかばれない嘘」よりも（こう言ってよければ）「嘘のつき甲斐《がい》」がありません。嘘をついたことがすぐにばれると、嘘によって得られた一時利得もまたすぐに没収されてしまうからです。

「あいつは嘘つきだ」という風評が立てば社会的信用を失う。

だから、ものわかった人間なら「すぐばれる嘘をつく」ことは「間尺に合わない」というふうに判断するはずです。

「すぐばれる嘘」はつかないほうが得です。だから、自己利益を増大させることをリアルかつクールに優先する人間は「すぐばれる嘘」はつかないはずです。どうせつくなら「なかなかばれない嘘」を考案するでしょう。

デヴィッド・W・モラーの『詐欺師入門』（光文社、1999年）という書物によると、もっとも出来のよい「ビッグ・コン」は映画『スティング』にあったような「詐欺の当の被害者が『自分が被害に遭《あ》った』という事実を否定するように仕向ける」作りになっているそうです（『スティング』は実話に基づいた映画です）。

どうやるかというと、「誰かを騙《だま》す」という犯罪にカモを共犯として抱き込むんですね。カモを何度か「いい目」に遭わせて、犯罪に投資させる。ところが、この詐欺の仕掛けが破綻して、警察に追われる羽目になる。共犯者たちは色を失ってちりぢりに逃げる。カモもあやういところで逮捕を免れる。犯罪に加担しようとして金を失ったわけであるから、「こんなひどい目に遭った」と被害届を出すこともできない。

でも実は、最初に誘ったやつも逮捕に来た警察もみんな、カモ以外は全員が「ぐる」なのです。

自分が被害者であることをカミングアウトできないというのが、もっとも出来のよい詐欺です。これが「決してばれない嘘」。

つまり、ある虚偽の言明が「嘘」であるかないかは、その言明そのものの真偽によってではなく、「嘘」の被害者からの「被害申告」に基づいて決まるということです。被害者がいなければどのような虚偽の言明も「嘘」と呼ばれることはありません。例えば、人類最後のひとりとなった人間が「さあ、これから友人たちが来るからパーティの支度をしなければ」といっていそいそと食卓を飾ったりしている様子を「嘘」と呼ぶ人はいません。文字通り、誰もいないわけですから。

中央銀行の発行する銀行券もそうです。紙幣が通貨として流通するのは「これを発行している国は未来永劫《えいごう》存在する」という「嘘」をみんなが信じている（ふりをしている）からです。明日破綻《はたん》すると分かっている国の中央銀行が発行する銀行券では、誰もものを売ってくれません。明後日破綻するとわかっていても同じです。10日後でも10か月後でも10年後でも、消滅することがわかっている国の通貨は誰も受け取ってくれません。

私たちが知る限り、消滅しなかった国家は歴史上ひとつもありません。ですから、帰納的に推理すれば、すべての国の紙幣は高い蓋然性でゴミになるはずです。けれども、人々は「そのこと」は考えないようにしています。いつか誰かが「ババ」を引くことになるのは（なんとなく）わかっているけれど、「それは自分ではない」と思っている。地球上の全員が（仮想的にではあれ）自分が被害者になる可能性をゼロと査定している。だから、中央銀行券は「嘘」ではないのです。

嘘というのは「虚偽の言明によって、言明を信じたものが不利益をこうむるもの」です。虚偽の言明をなしたものがいても、それを信じた人間が不利益をこうむっていないのなら、それは嘘ではありません。実際に不利益をこうむっている人間がいても、本人が「私はいささかの不利益もこうむっていない」と言い募ったり、「不利益をこうむっていること」に気づいていないのなら、それは嘘ではない。

「なかなかばれない嘘」が「出来のよい嘘」であり、どうせつくなら「なかなかばれない嘘」をつくほうがよいと考えられてきたのは、「なかなかばれない」とそのうち被害者がいなくなってしまう可能性があるからです。

実際、「騙されたまま、それに気づかず死んでしまう」ということはよくある話です。「池大雅《いけのたいが》の真筆です」といって贋作《がんさく》をつかまされた人が「これを売れば数億円になる」という幸福な勘違いをしたまま死んでいった場合、この嘘には被害者がいません（『なんでも鑑定団』に持ち込んで「偽物です」と言われてがっくりする子孫は「嘘の被害者」ではありません）。

50年間ばれなかった嘘はもう「嘘の時効」を過ぎたものとみなしてよろしいのではない

でしょうか（と個人的には思います）。

だから、かつての「嘘つき」たちは嘘をつくときでも「なかなかばれない」ようにすることに心を砕きました。これは言い換えると「嘘をつくが被害者は出さない」ということです。この気づかいにはたしかに掬《きく》すべき点があります。「盗人にも三分の理」というか「鬼の目にも涙」というか、条理のないところに小ぶりの条理を通そうとするこの半端な人情味が、私は嫌いではありません。

しかるに、当今の嘘つきたちにはそんな可憐な人情がありません。だから、「すぐばれる嘘」をつく。

## 嘘というのは時間との勝負

みんなの党の渡辺喜美《よしみ》代表（2014年当時）が「8億円の借金は政治活動にではなく、個人の消費に充当するための個人の借金だから、報告を怠ったのは公職選挙法にも政治資金規制法にも抵触しない」という言い訳をしているのをテレビのニュースで見ました。記者から「個人消費って何に使ったんですか？」と訊かれて「酉《とり》の市の熊手《くまで》とか」という「すぐばれる嘘」をついていたのです。

酉の市の熊手は縁起物《えんぎもの》なのでずいぶん高いものもあるそうですが、熊手の類《たぐい》の購入だけで８億円使い切ったという話は、言っている本人も含めて誰も信じていないでしょう。でも、彼はとりあえずその場しのぎの「すぐばれる嘘」をつきました。彼は引き続きメディアに叩かれることになると思いますが、そのつど「違法性はない」「政治責任をとるような話ではない」と言い続けて、使途についても「熊手」だけでは足りなければ、「猫の手」でも「孫の手」でも繰り出してくるでしょう。そして、「もうダメ」とわかったところで諦めて、「申し訳ありませんでした」と叩頭《こうとう》して詫《わ》びる。そういう道順でことが進んでゆくのだろうと思います。

猪瀬直樹前東京都知事の献金事件のときもそうでした。とりあえずその場しのぎの、「すぐばれる嘘」をいくつもついて時間稼ぎをして、どうにも足掻《あが》きがつかなくなったところで「嘘をつきました」とカミングアウトした。

「時間稼ぎ」というのはある意味では嘘の骨法に従っています。「なかなかばれない嘘」

は「嘘」ではないからです。口から出任せでも、否定し続けているうちに、被害者が死んでしまったり、まわりの人たちがもう相手にするのにうんざりしてしまえば、ずいぶん経ってから「私は一度も嘘などついたことがない」としれって公言しても、誰にも咎められないチャンスがある。

STAP細胞のことは、私は素人なのでよくわかりませんが、世界中に読者のいるジャーナルに発表したら、論文が精査されることはわかっていたはずです。懐疑的なまなざしで複数の専門家に精査されたら、データの改竄《かいざん》や盗用はすぐにばれる。「すぐにばれる嘘」を仕込んでおいて、記者会見をして、堂々と研究成果を発表した人の「嘘のつきかたの粗雑さ」に私はむしろ興味を引かれました。

もしかしたら、この人にとって、記者会見から疑惑の提出までの期間は（できるだけ長期であることが望ましい）「なかなかばれない」期間として観念せられていたのではないかという気がしてきたからです。あと2年、あるいは1年、せめて半年、細部での嘘がばれなければ、仮説の追試に誰かが成功して、論文は画期的な業績として学界的に認知され、ヴェンチャーキャピタルが流れ込んでいたかもしれない。そうなってしまえば、写真の流用だの先行研究のコピペなどは「些末《さまつ》な話」「事務手続き場のイージーミス」で笑い飛ばされたかもしれない。つまり、これは彼女の主観においては時間との勝負だったのです。

嘘というのは時間との勝負である。そう言ってよいと思います。

## 歴史的条件が変われば嘘は嘘でなくなる

「すぐにばれる嘘」と「なかなかばれない嘘」かの間に本質の違いはありません。けれども、実践的には天と地ほどの違いがある。「その虚偽の言明によって私は不利益をこうむった」という人が出てこない限り、虚偽の言明は社会的には「嘘」とは認定されないからです。「その虚偽の言明によって、多くの人が利益を得た場合」もそうです。被害者よりも受益者が多かった場合には（先ほど挙げた通貨の例がそうです）、それは「嘘」とは呼ばれません。

みんなの党の代表が窮地に陥ったのは、黙っていれば誰も気がつかない金のやり取りについて、「それに関して自分は実は被害者だ」と思った貸し主が登場したからです。この人が「自分と代表はウィン・ウィンの関係にある」と思い続けていれば、あの事件は起こらなかった。同一の出来事にかかわっている人たちがあるときは「パートナー」で、あるときは「加害者」で、あるときは「被害者」に変わる。これは時系列上で起きることです。時系列上で「歴史的条件」が変わると（このケースでは、個人的信頼関係の消失です）、「いつまでもばれないはずだった虚偽の言明」は「嘘」になる。していることは同じなのに、歴史的条件が変わると、付けられるタグが変わるのです。

もしも渡辺代表が内閣改造で重要なポストで入閣してしまった「あと」であれば、メディアはこのスキャンダルを取り上げることを自粛し、「なかったこと」になったかもしれません。

僕にわかることは「すぐばれる」嘘をつくことに対する心理的抵抗がどんどんなくなってきているということです。たぶんものごとの変化のスピードが速くなり過ぎて、「先のこと」を考える習慣がなくなったせいでしょう。

理系の若い研究者たちは今はほとんどが任期制で、5年より先のことは見通しが立ちません。それまでに業績を挙げないと、職を失うリスクがあります。ていねいに仕事をした結果、業績をまとめられずに職を失うか、粗雑な仕事でもとにかく目に見える業績を挙げてポストを確保するかという「究極の選択」に多くの研究者は直面しています。

代議士も同じです。彼らは「次の選挙」が正念場です。最長で4年、うっかりすると1年2年のうちに目に見える「成果」を挙げないと次の当選はおぼつかない。だったら、それより先のことは考えてもしかたがない。

## 問題は「寿命」です

嘘をつくのは「間尺に合わない」と書きましたが、結局のところ「間尺に合う」か「合わない」かは自分の人生の長さをどれくらいに設定するかで変わります。

「寿命5年の生物」の場合、「10年後にはばれる嘘」が寿命期間内に大きな利得をもたらすことがわかっていれば、それを自制する生物学的な理由はありません。任用契約5年の研究者は「寿命5年の生物」としてふるまうことを制度的に求められています。であれば、行動における良否に判断基準もまた「寿命5年の生物」のそれに倣うしかないのです。

文科省やメディアはこの事件への反省として、盗用や捏造などにかかわる「研究者の倫理規定」を厳格化し、違反者にはきびしい罰則を与えることを対策として掲げていますが、そもそも研究者の倫理が劣化したのは、「研究者の寿命」を短かめに設定して、その期間内に見るべき成果を挙げなければペナルティを課すというルールを文科省が導入したせいです。それがなぜこのような事件を生み出したのか、その理路をもう一度述べてこの小論を終えたいと思います。

問題は「寿命」です。もし、ある人が寿命１００年の生物としてふるまうとしたら、「今は良い思いができるけれど、10年後には手痛いしっぺ返しを受けることが確実」であるようなことはしません。「間尺に合わない」からです。でも、寿命1年の生物としてふるまうならば、「10年後に受けるであろうペナルティ」は「ない」のと同じです。それなら「すぐばれる嘘」をついても、今いい思いをするほうが「間尺に合う」わけです。

なぜ、人々が「すぐばれる嘘」をつくようになったのか。私の仮説は「それは寿命の設定が短縮されたからだ」というものです。

何を言うか、平均寿命は伸びこそそれ、短縮などされていないぞと反論される方がいるでしょう。申し訳ないけれど、それは短見というものです。主観的には寿命はどんどん縮んでいます。

かつて人々は（主観的には）もう少し「サイズの大きな、寿命の長い生物」でした。親族共同体であれ、地域共同体であれ、学術共同体であれ、政治結社であれ、それは複数の人々を含み、複数の世代にまたがる「寿命の長い生き物」であったのです。個体としての自分はいずれ死ぬが、自分が先行者から「引き継ぎ」、後継者に「手渡す」共同体は、個人の生死とはかかわりなく生き死にする。だからもし、おのれのアイデンティティの根拠を個人よりむしろこの集合的自我に重点配分する人がいたら、その人はずいぶん寿命の長い生き物としてふるまうでしょう。

近代以前まで人々は数十人、数百人の同胞とともに集団的自我を形成し、「三世代、ざっと１００年」を平均寿命とする生物でした。そのような生き物として生存戦略の適否を判断した。「家名を辱《はずかし》めない」とか「郷土の誇り」とか「一揆《いっき》」というのはただ現時的に集団のバインドを強化することをめざして掲げられた原理ではありません。「サイズの大きな生き物、寿命の長い生き物」としてことの適否を判断せよという「間尺」の指定をしていたのです。

近代以前と現代でもっとも変わったのは「主体」のサイズと寿命、すなわちことの適否の度量衡となる「間尺」それ自体なのです。

親族共同体も、地域共同体も崩壊しました。同じように学術共同体も崩壊しました。

学術というのは本来集団の営為です。「学術共同体」という多細胞生物の一部として研究者は働く。最優先するのは「共同体としてのパフォーマンス」を高めることであって、個人の業績や成果を誇示することではありません。しかし、ある時期から「共同体のパフォーマンスを上げるためには、個人を成果主義的に格付けして競争させるのがよい」という話が流布し、それをみんなが信じるようになりました。「自分さえよければ、それでいい」というマインドが瀰漫《びまん》すれば、自分の業績を誇大に示し、他人の業績を矮小化《わいしょうか》しようとするのは当然のことです。

重要な知見について、先人や研究者集団の仲間への敬意を忘れるということは、他者が受けるべき敬意を自分が横取りするということです。他人が受けるべき敬意をおのれに「付け替える」ということです。

学術共同体とは「多細胞生物」であると思っている人は決してそのようなことをしませ

ん。先人の発見やすぐれた仮説はパブリックドメインに置かれた「みんなの財産」です。「みんなの財産」だからもちろん自分にもそれを使用する権利はある。けれども、それを「自己資産」であるかのように偽装する権利はありません。「オレに黙って勝手に使うな」と言い立てたり、課金したりする権利はない。

政治活動でも、芸術的創作でも、話は一緒です。

政党を政治家たちの何世代かにわたる共生体としてイメージする人間は、政党という「サイズの大きな、寿命の長い生物」を基準にして個別的行動を律するはずです。芸術的創作者でも研究者でも、「私の作品は一から十まですべてオリジナルであり、誰にも借りはない」と言い張る人はいません。カール・ポパーの卓抜な比喩を借りて言えば、私たちは誰しもが先行世代の「肩の上」に乗っているのですから。

その足場を作ってくれたのは先人たちです。そこから出発できることについて私たちはまず感謝の意を表すところから始めなければいけません。自分の手柄について言い立てるのは、その後の話です。しかし、現代の人はもうこの「多細胞生物」を主体性の拠点とするという思考上の習慣を失ってしまいました。

人々が「すぐばれる嘘」をつき続けるようになったのは、別に人間がそれだけ邪悪になったからでも、愚鈍になったからでもなく、私たちが平均寿命のきわめて短い生物としてふるまうことを強いられているからです。

ではなぜ、そうなってしまったか。これについてはまた別の長い話をする必要があります。

# 死について考える

**自分の寿命を短く認識している者ほどすぐにバレる嘘をつく、という指摘は非常に興味深いものがありました。一方で、個としての自分はいずれ死ぬというのも事実です。自分が死んだ後、社会がどうなるかということに本気で思いを馳せることができるのか？　と問われると、案外難しいことのような気がします。**

「死について考える」というのはたいへんに難しいことです。わりと簡単に「死」を口にする人がいますけれど、どこまで本気でそう言っているのか、僕にはよくわかりません。なにしろ生きている人間は誰も死んだことがないんですから。「臨死体験をしたことがある」という人がたまにいますけれど、それだって「死にかけた」のであって、ほんとうに「死んだ」わけじゃありません。

大学生の頃に、「私、一度自殺したことがあるの」という女の人に出会ったことがありました。じゃあ、今ここにいるあんたは幽霊か。こういうときの言葉の使い方はもうすこし厳密にして欲しいものですね。

僕はもちろん死んだことがありませんし、「死を経験した」という人に会ったこともありません。他のことなら、自分が経験しなくても、信じられないような経験をした人の話を聴く機会がどこかでありますが、死についてだけはそれがない。

ポウの『メエルシュトレエムに呑まれて』を読むと、ノルウェー沖の巨大な渦巻きに呑み込まれるというのがどういう「感じ」かを虚構を経由して想像的に体験することはできます。でも、それはあくまでその危地を生き延びた人間の回想を通じてであり、メエルシュトレエムに呑まれて死ぬ経験そのものを当事者の目から描いた文学作品というものは存在しません。

それに近いものをエドガー・アラン・ポウはいくつか書いています。たぶん死ぬ経験を死ぬ側から記述することの可能性についてポウは興味があったんでしょう。『ヴァルドマアル氏の病症の真相』という短編がその代表です。人によっては、これが「世界でいちばん怖い小説」だと評価する人もいます（レヴィナス先生がそうおっしゃってました)。こんな話です。

催眠術師の「私」は「臨終の人間に催眠術をかけたらどうなるだろう」という疑問を抱きます。そのとき、肺結核に冒されて余命いくばくもない友人のヴァルドマアル氏が奇特にも「私」の知的好奇心を満たすべく、臨終《りんじゅう》に際して氏に催眠術を施術することを許可してくれました。施術は成功し、瀕死《ひんし》の男は臨終の床で眠りにつき、眠ったまま息をひきとります。ところが、その数分ののち、ヴァルドマアル氏は「眠り」からさめてしまう。「深い洞穴から聞こえてくるような」くぐもった声で彼は「さっきまで私は眠っていたが、今は死んでいる」とうめく。催眠術の眠りのせいで、彼は死の瞬間を逸してしまったのです。ヴァルドマアル氏はそれから7ヶ月死んでいながら、死んでいない宙吊り状態におかれます。「私」はついに彼にかけた催眠術を解くことを決意します。術が解け始めると、再びあの地獄の底から響くような声がうめく。「早く、眠らせてくれ、でなければ、早く目を覚まさせてくれ」。そして術が解け切った瞬間、ヴァルドマアル氏の身体は「いまわしい腐敗物の、液体に近い塊」と化して崩れ去る……。

怖い話ですね。

ポウはこの「死んでいるのに、生きている」という状況設定によほどこだわりがあったようです。他にも『早すぎた埋葬』や『アッシャー家の崩壊』でも、「生きながら埋葬されたもの」が経験する絶望について書いています。

「まだ生きているうちに埋葬されてしまう――これこそは疑いもなく、これまで人間に降りかかった極度の苦痛のうちでも、最も恐ろしいものであるに違いない」

ほんとにね。

最近ではクエンティン・タランティーノの『キル・ビル2』でユマ・サーマンが生きながら棺桶に入れられて地中深く埋められる恐怖を経験しております。

これが原型的な恐怖譚《きょうふたん》のひとつとして長く語り継がれているのは、そこに汎通的な寓意《ぐうい》が含まれているからでしょう。

ポウがこの小説にどんな寓意を込めたのか、僕には正確にはわかりません。でも、それが「自分が経験しつつある死について記述する野心」をもつことについての「呪い」の物語であることはわかります。

死の経験について主体として語る権利は誰にもない。死者自身にさえ。だから、死の経験を生者にもわかる言語を以て叙してはならない。死の経験は死者自身によっても語らせてはならない。死を記述することについてはかなう限りの節度を持つように。

そういう教訓を僕はポウから引き出しました。

「そうじゃないよ」と言う人もいるかもしれません。別に僕だってこれが唯一の解だと言っているわけじゃありません。同じ物語から読者たちひとりひとりがそれぞれ違う教訓を引き出すということでいいんじゃないでしょうか。

## 心穏やかに待っていればいい

僕たちは全員いずれ死にます。「死の顎《あぎと》」を逃れえたものは人類史上ひとりもいません。僕たちは望もうと望むまいと、必ず死ぬ。これは間違いない。いずれ間違いなく当事者として経験することなんですから、心穏やかに待っていればいいと僕は思います。

歯医者で「がりがり」とドリルが歯を削るとき、「来るか、来るか」と思ってどきどきしながら待っていると、あの一撃の痛みが倍加します。それよりは、「どうにでもしてくれい」と「まな板の上の鯉」状態で放心しているほうが痛みははるかに少ない。

過去4年間歯医者に通い続けて、歯を削ったり、歯茎に穴あけたりという手術を数え切れないほどしてきた男がそう言うんですから、たしかです。

痛い経験については「取り越し苦労」するだけ痛みが増します。

他人に「死ぬって、どういう感じですか？」と訊ねて回るような「勇み足」は自制すべきだし、ましてや訳知り顔に「死ぬというのはね……」とか「守護霊に聴きましたが」というような知ったふうなことを言う人間を信用すべきではない。

僕はそう思っています。

それでも、死ぬことについてどうしても気がかりであるというのなら、「死」ではなく、「死をめぐる生者たちの経験」について考えたらいいと思います。

死が「ドーナツの穴」であるとしたら、「ドーナツ」のことを考える。

具体的には、「私が死んだあとの家族の生計のこと」とか「私がいなくなったあとの組織の管理運営のこと」とか、「葬儀の段取りのこと」とか「遺産の分配のこと」とか、具体的な、今ここで制御可能な現実のことです。

そういうトピックなら生きているうちにいくら論じても少しも瀆聖《とくせい》的なふるまいにはならない。ポウ的な罰も当たらない。

僕は「死について考える」とはそういうことだと思います。別に虚空《こくう》をはったとにらみつけて「死とは何か……」と沈思黙考《ちんしもっこう》することではありません。もっとずっと具体的で散文的なことです。

## 私は明日死ぬかもしれない

若い人は自分が死ぬことについてあまりリアリティがありません。僕はそれをちょっと残念なことだと思います。

もっと考えたほうがいいですよ。

若い人たちが抱く「当分自分は死なない」という予測には別に確たる根拠があるわけではありません。

たしかに平均余命というのはありますけれど、20歳でも80歳でも、死なない人は死なないし、死ぬ人は死ぬ。死んだ人が「平均余命の予測と違うじゃないか。おい、責任者出て来いよ」と口を尖《とが》らせても、誰かが「すみません」と謝りに来て延命させてくれるということはありません。

若くても、年を取っていても、死ぬときは死ぬ。それは1秒後かもしれないし、50年後かもしれない。必ず死ぬ。でも、いつ死ぬかわからない。

それが死というものです。

だったら、なるべく人生の早い時期から「死ぬ準備」をしておいたほうがいい。

別に「死ぬ準備」というのは形見分けの用意をするとか、恥ずかしいことを書いてある日記帳を焼くとか、壺に入れて庭に埋めた金塊の「ひみつの地図」を書き残すとか、そういうことではありません。

もちろん、死ぬのはいやだなと朝から晩までくよくよすることではありません。そうではなくて、「明日死ぬかもしれない」ということを日常の、基本的な心構えとして生きるということです。

そうすると世界の見え方がかなり変わります。

よく使われる「メメント・モリ（死を思え）」というラテン語には「死の表象」、「死の警告」という語義があります。生きている人間に対する「死のシグナル」です。

「私は明日死ぬかもしれない」ということをいつも念頭において暮らしなさい、ということです。そうすると「当分オレは死なないだろう」と高をくくって暮らしている場合よりも、生きている時間の質が高まる。

ひとつひとつの経験の意味が深まり、ひとつひとつの愉悦の奥行きや厚みが増す。生きることの深みや厚みや奥行きを味わい尽くしたいと願うなら、「死を思え」。そういうことだと僕は理解しています。

僕は毎年スキーに何度か行きます。3月中旬がそのシーズンで最後のスキー旅行になります。そのときの最終日の最後の一本の滑走というのは、やはりそれなりに味わいが深い。

「ああ、これで今シーズンは滑り納めだな。来年もスキーできるかな。もしかすると、これが生涯最後の一本かもしれないな……」と思いながら滑ると万感胸に迫り、というほどのことはありませんけれど、足裏の雪面の感触の肌理《きめ》がひときわ細かく感じられるくらいの功徳《くどく》はあります。今経験していることの快楽がそれだけ精密になる。

もしかするとこれが「生涯最後の鰻丼《うなどん》」かもしれないとか、「生涯最後のバリ島」かもしれないとか、「生涯最後の『道成寺《どうじょうじ》』」かもしれないとか、なんでも「これが生涯最後の……」をつけておく。

そうすると、「こんなこと」はこれから後も何度でも繰り返し経験できるのだと思っているより、「これが最後かも……」と思っているほうが、経験の質は深い。これは確かです。

僕は美しい景色をカメラで撮っておくということをする習慣がありません。カメラで撮るというのは、「帰ってから、それをDPEに出して現像したり、メモリーカードをパソコンに読み取らせたり、SNSで公開したりしている自分」を想定しているからできることです。つまり、この先かなりの時間（そういう作業ができる程度の時間は）「まだ生きている」ことを前提にしている。

でも、自分はそれほど先まで生きていないかもしれないと思うようになったら、なんとなくカメラを持つのが面倒になりました。もう10年くらい前から僕はカメラを持ち歩くということをしていません。

それより、大切な風景はじっとみつめて網膜《もうまく》に焼き付けて、何も手がかりがなくても、そのまま脳裏《のうり》に再生できるように深く記憶する。

そのためには、図像だけではなくて、あたりの空気の匂いとか、風の音や鳥の声や、手に触れるものの手触りとか、筋肉の張りとか、そういう「付帯状況」も記憶しておく必要がある。

『失われた時を求めて』の有名なマドレーヌの挿話《そうわ》のように、ある匂いや味わいがきっかけになって、遠い過去の出来事がまるでたった今経験したことのようにありありと再現されるということって、ありますからね。

僕は「阿修羅像《あしゅらぞう》」というと、あの有名な図像よりも先に、興福寺国宝殿のひんやりした空気の匂いと、手のひらが触れたガラスの冷たさと、山本浩二の逸事（阿修羅像を評して「造形が甘いね」と言ったんですよ、彼は）をうれしげに語っている自分の姿と、それを聞いて爆笑している釈徹宗先生の横顔を思い出します。

そういう断片の総合された中に図像も存在している。そこにいたもののすべてを「込み」で、人生の一瞬を切り取ったものの中に阿修羅像も含まれている。

だから、僕が死ぬと、阿修羅像を見た僕の経験はそのまま僕といっしょに消えてゆく。

誰にも再現できないし、誰にも追体験できない。

僕の生きた経験はそのすべてのリアリティごと僕といっしょに死ぬ。

それでいいじゃないかと思います。

## 誰でも語りそうなことはできるだけ口に出さない

自分が感じていること、考えていることを発表するときには、できるだけ「自分が死んだら、これと同じことを感じたり考えたりする人がいなくなる」ことだけを選択的に語るほうがいいと思います。

でも、ネットで発言している匿名《とくめい》の人のほとんどはその逆のことをしています。「自分が死んでも、同じようなことを感じたり、考えたりする人がたくさんいること」ばかりを選択して発信している。

そもそも、彼らがあえて匿名を選ぶのは、「こんなこと」をいくら書いても個体識別されて、反批判されたり、報復されるリスクがないということがわかっているからです。「こんなこと」を言うのは「あいつ」しかいない、とわかっていたら匿名にする意味がないですからね。

発言の起源に遡及《そきゅう》できないようにあえて匿名を選んでいる人間が「その人しか言わない

こと」を書くということは原理的にありえません。

「その人しか言わないこと」こそ個人情報の最たるものですから。

ですから、個人情報を隠蔽《いんぺい》するために、匿名者は「みんなが言いそうなこと、みんなが同意してくれそうなこと」だけを選んでいます。

もちろん、本人は「けっこうユニークなこと」を言っているつもりなんですよ。主観的には。でも、匿名を選択するという時点で、「ユニークであること」（「唯一無二であること」）を自分自身で拒否している。

匿名者は「たくさんの人が同意してくれるに違いない」という前提から発言しています。ですから、「たくさんの人たちが使っている言い方や文体や修辞」をそのまま採用することになる。「私は真理を語っている」という確信が深まるほどに表現は非個性的になる。「2たす2は4」という命題を個性的に語るのが不可能であるのと同じです。

そういうものなんです。

でも、「私と同じように考えている人はたくさんいる。なぜなら、私は真理を語っているからだ」という命題に基づいて、個体識別できないよう書き方をし続けることは本人が思っているよりはるかに危険なことです。

彼らは「自分と同じように考えている人」が自分の他に何十万、何百万人もいると思っている。だとすると、彼らには「情理を尽くして語る」必要がなくなります。どうせ誰かが自分に代わって、論理的に語ったり、めんどうな挙証手続きを踏んだり、統計やデータを揃えてくれるに決まっているんですから。そういう面倒な仕事は自分には免ずることができる。だって、「自分と同じ意見の人」が世界中に何十万人、何百万人もいるんですから。

でも、そういうふうに考えるのは、とても危険なことです。

「自分と同じようなことを考えている人がいくらでもいる」というのは、裏返して言えば「だったら、自分はいなくてもいい」ということを意味するからです。「余人を以ては代えがたいこと」ではなく「同じことを語る余人がいくらでもいる」という前提で語っているわけですから、その人ひとりがいなくなっても誰も困らない。誰も気づかない。誰も惜しまない。

「私と同意見の人間がたくさんいる」という発言を「真理を語っている」と同定してしまう人は、実は自分に対して「呪い」をかけているのです。

それは「私が存在しなくなっても誰も困らない」「私が存在しなければならない特段の

理由はない」という結論に向かう他ないからです。

「自分と同じ意見の人間が他にもたくさんいる」と宣言した瞬間に、その人は「いくらでも替えが効くので、いなくなっても別に困らない人」というカテゴリーにおのれを類別してしまう。

本人は気づいていませんが、「私はいなくなってもいい人間です」という自己申告は弱い酸のようにその人の生命力を蝕んでいきます。

ほんとうに。

命の力を高めるためには、「私がいなくなったら、誰もそれを言う人がいなくなるようなこと」だけを選択的に語ったほうがいい。

これは僕の経験的確信です。

自分以外の人でも言いそうなことはできるだけ言わないでおく。

誰でも言いそうなことをあちこちで言い募って時間を浪費するには人生はあまりに短いからです。

「メメント・モリ」というのはこのような心構えのことではないかと僕は思っています。

# 僕が倒れたら

「私が死んだら、私と一緒に消えてゆき、誰も再現することのない言葉」とはどんな言葉か。

それを自分の中に探る。

一行書いてみればわかります。自分の書いたものを読み返してみればわかります。

「ああ、これはどこかで読んだのを引用してきたのだ」

「これは、誰かの請《う》け売りだ」

「これは『こういうことを言うとウケる』ということを知っていて書いた言葉だ」

そういう点検をして、ざっとスクリーニングして、それでも残った言葉があれば、それが「余人を以ては代え難い言葉」「私が死んだら、私と一緒に消えてなくなる言葉」です。

それだけが生きている間に口にする甲斐のある言葉です。僕はそう思います。

それくらいに特異な言葉のわけですから、そのままストレートに口にしても、まず他人には理解されません。

だから、なんとか理解していただくべく、情理を尽くす。論理の筋を通し、わかりやすい喩えを探し、根拠となる資料を集め、読みやすいリズムや耳ざわりのよい韻律《いんりつ》で調音する。

「変な話」であればあるほど、人間はそれを人に理解させるために必死になります。「当たり前の話」なら、どんな雑な言い方でも理解してもらえる。「変な話」「そんな話これまで誰からも聞いたことがない話」はよほどていねいに語らないと理解してもらえません。

でも、そうやって「そんな変な話、これまで聞いたことがない話」を相手に伝えるべく、必死で言葉を紡いでいるうちに、言葉は洗練され、磨き上げられ、研ぎ澄まされます。そして、やがて「変な話ではあるけれど、言わんとすることは何となくわかる」ものに仕上がっていく。

そういう言葉だけが「人類への贈り物」になります。

せっかく言語能力を賦与《ふよ》されて生まれてきた以上は、「人類への贈り物」になるような言葉を選択的に口にすることをめざした方がいい。

どういう言葉が「贈り物」になるかどうか、その判断の基準は「私が死んだら」です。

「ぼくが倒れたら　ひとつの直接性が倒れる　もたれあうことを嫌った　ひとつの反抗が倒れる」


これはある若い詩人の書いた詩編の一行です。

「ぼくが倒れたら」という言葉にこの若い詩人の万感が込められていたと僕は思います。

この言葉に支えられて、彼はその後長い思想的・文学的な孤立に耐え、彼以外の誰も彼に代わってなしえなかったような仕事を残しました。

「死を思う」とはこの覚悟のことだと思います。

# 「青年」がいた時代

**人が子どもから大人になるときには、さまざまな葛藤を乗り越える必要があります。人生を充実したものにし、さらには自分が死んだ後の社会にも思いを馳せるような人間になるためには、10代から20代のいわゆる「青春時代」をどのように過ごしていくか、ということが重要であるように思います。**

「青春」という語はいつ日本語の語彙に登録されたのでしょう。青ですからたぶん四神がらみですから、他に赤、白、黒とあるんでしょうね。何だろう。

はい、辞書を引いたら、ありました。朱夏《しゅか》、白秋《はくしゅう》、玄冬。

他の三つが日常語に残らず、「青春」だけが残ったのは（たぶん明治初期に）、英語のyouth、フランス語のjeunesse、ドイツ語のJugendに対応する日本語の訳語を探して、古い漢語の語彙のうちからこの語を探し出してきたからでしょう。

誰でしょう。西周《にしあまね》とか加藤弘之とか福沢諭吉とか、そのあたりの賢者の誰かでありましょう。

「青春」は古語の語彙《ごい》の中から、ある歴史的状況によって呼び出されて、有用な概念として多いに流通しました。ですから、また歴史的条件が変わると、もう使われなくなって、死語になる。言葉というのはそういう宿命のものです。

現に、もう「青春」という言葉の使用頻度《ひんど》は30年くらい前に比べて半減している（もっとかな）と思います。「青春ドラマ」とか「青春小説」とか「青春歌謡」とか、もう誰も言わないですから。

この語の使用頻度の低下は別のある語の使用頻度の低下と同期しています。

「青年」です。

「青年」という固有のエートスを有した集団は明治40年代（つまり日露戦争の前後）に登場して、おおよそ半世紀生き、1960年代半ば、東京オリンピックの頃に消滅しました。

こちらのほうが定量的に計測しやすいので、こちらを見て、そこから「青春」に戻ることにしましょう。

「青年」という社会集団は近代になるまで存在しませんでした。これは声を大にして言っておかなければなりません。

「青年」は明治40年代に、日露戦争に勝った日本が、これから「世界の列強に伍《ご》して国際社会で、政治的にも、軍事的にも、経済的にも、学術的にも、文化的にも生き延びてゆかなければならない」という重い歴史的使命を担うために意図的に創り出したものです。

もともと存在していれば、創り出す必要はありません。青年は明治期にいくつかの社会的制度を通じて国策的に造形されました。教育制度としての旧制高校、そして明治文学。この二つが青年造形の最も実効的な母型となりました。

というのは僕の個人的な仮説であって、まったく一般性がありませんから、こんなことを人前で大声で言ってはいけませんよ。恥かきますから。

とにかく、僕はそう思っています。

青年とはいかなるものであるか、その元型は二人の文豪が提示しました。

ほとんど個人的交流のなかったこの二人が、「青年の造形こそが喫緊《きっきん》の国家的課題である」ということについては完全な合意に達していた。そのことに僕は驚きを感じます。

二人とはもちろん夏目漱石と森鷗外です。

## 「青年」もまた、創り出されたもの

漱石は『三四郎』や『坊っちゃん』や『虞美人草《ぐびじんそう》』によって、鷗外は『青年』や『舞姫』や『ヰタセクスアリス』によって、青年とはいかなるものであるべきか、その本質を開示しました。

これらの書物が「青年の造形のための手引き書」であるということは、そのつもりなって読めばすぐにわかるはずです。

青年の特徴は「機動性」と「架橋性」の二点にあります。

青年たちはいずれも「家郷《かきょう》を捨てて、旅立つ」ところからそのキャリアをスタートさせます。

父の家を捨て、郷里の食文化や宗教儀礼を軽んじ、西欧渡来の新たな文物《ぶんぶつ》に過剰な欲望を示し、都市の「根無し草」となります。

住むところはもちろん下宿。それも転々と居所を改めます。交友関係も安定しません。新しい知り合いができて、そちらのほうが「なんとなくキャリア形成上有利」に感じられると、ふらふらと旧友を捨てて、新しいサークルににじり寄ってゆく。

これが「機動性」です。

でも、そういうただの「根無し草」はいずれどこかで息切れします。こんな浮ついた暮らしでいいのか、こんなにふらふらしていていいのか、あまりにも父母たちや、郷里や旧時代の文化に対して冷淡過ぎはしなかったか、旧い儀礼や江戸趣味を侮ってはいなかったか。金銭や地位や栄爵《えいしゃく》や文化資本に恋々《れんれん》として、利己的にふるまいすぎたのではあるまいか。

そういう反省のときが来ます。

そして、はっと胸を衝《つ》かれ、自分が「旧弊《きゅうへい》なもの、時代遅れのもの、日本の後進性の表われである恥部」だとして目を背《そむ》けていたもののうちに「いとおしいもの」を見出すようになる。そして、目の色を変えて追い求めてきた最先端の文化と、自分の懐かしい幼年時代に絡みついている旧時代の文化を、おのれの一身によって「架橋」しようと企てる。

例えば、『坊っちゃん』における「清《きよ》」は明治近代が捨てて顧みない「旧時代」の記号そのものでした。

坊っちゃんはこの旧時代の深い愛情を滋養として育ったにもかかわらず、その恩を忘れ、遠隔の地にふらふらと彷徨《さまよ》い出てしまいます。

そして、その「罰」を受ける。

彼が松山から鞄《かばん》一つで東京に戻ると、清は「あら、坊っちゃん、よくまあ、早く帰って来てくださった」と涙をぽたぽたと落とします。「おれもあまり嬉しかったから、もう田舎へは行かない、東京で清とうちを持つんだと云った」。

これが「青年の帰還」という重要な説話元型です。

青年はこのような「新時代の先端」と「旧時代の遺物」のあいだを往還することをその宿命とします。

これが「架橋性」です。

なぜ、明治40年代、日露戦争の後に「青年の造形」が国家的急務であったかは、この説明でなんとなくおわかりになったと思います。

文明開化は「旧時代の遺物」を切り捨てても済ませられました。殖産興業も富国強兵も新時代の先端的制度文物に国民資源を集中することでなんとかクリアーできました。「キャッチアップ」するだけのことなら旧いものを捨てて、新しいものに資源を集める「選択と集中」戦略で達成できた。

でも、「欧米列強に伍して世界の五大国の一隅《いちぐう》を占める」というような国家的事業になると、もう「欧米から輸入したもの、欧米の真似をして作ったもの」だけでは間に合わない。

陸軍はプロシアから、民法はフランスから、海軍はイギリスからと制度を「居抜《いぬ》き」で買って近代化を遂げた日本ですが、「借り物でできた国」には「列強に伍す」というような任務は担えません。「日本オリジナル」をどこかで国家の「柱」に据《す》えないと済まされない。

そこで、明治維新のあと「旧弊《きゅうへい》」として二束三文《にそくさんもん》で叩き売り、歴史のゴミ箱に放り込んだはずのものをまたゴミ箱から掘り起こして活用するしかないということになった。

国家的な資源再使用です。

その「新時代と旧時代を架橋する責務」を担ったのが青年です。

成島柳北《なるしまりゅうほく》や勝海舟のような「旧時代」の逸材《いつざい》は、明治維新のあと、「徳川家への鴻恩《こうおん》」

を楯《たて》にして新時代への適応を拒みました。

維新のあと「廃仏毀釈《はいぶつきしゃく》」だ「廃刀令」だとすさまじい憎しみで伝統を叩き壊した連中にしてみると、今さらどの面下げて「旧時代の資源も全部活用しないと日本が立ちゆかないわけでありますので、どうぞひとつ官民挙げて、草の根から日本の近代化・大国化にご協力を」というようなふざけたことは言えない。

それができるのは、旧時代に「産湯」を浸かったが、新時代にすっかりなじんでもいる「トリックスター」的存在だけでした。

その世代の若者たちに、自分たちの歴史的役割を自覚してもらわなければならない。それは何よりも「相容れない二つの領域を架橋する」という機能でした。「青年」に相当する世代はいつの世におりましたが、これほど特殊な歴史的使命を期待された世代はこのときに出現したものです。

若衆宿《わかしゅうやど》とパブリックスクール、武士道とキリスト教、西洋と東洋、近代と伝統をハイブリッドした、世界史的にも類を見ない「汽水域」世代の育成を委ねられたのが、旧制高校です。この教育機関が「青年」を「人形焼き」のように創り出しました。そして、彼らこそが大日本帝国の経済発展と学術の進歩と、そして1930年代から始まる長い戦争の

「尖兵《せんぺい》」となったのでした。

「坊っちゃん」は日露戦争の頃に「青年」になるので、19世紀の終わり頃の生まれです。ですから、戦争が終わったときには60歳くらいでした（今の僕より若い）。たぶん東京オリンピックの開会式をテレビで見ながら、80歳くらいで死んでいる。

戦争が終わって15年くらい経った頃、１９６０年頃に、明治末期に生まれた「青年」という社会集団の最後の世代が消えました。個人的記憶を語るならば、『乱れる』の加山雄三と『陽の当たる坂道』の石原裕次郎のうちに、「最後の青年」の相貌《そうぼう》を僕は垣間《かいま》見るのでありますけれど。

## 「青年」が消えると同時に「青春」も消えた

それはさておき。

世界大国として列強に伍すために、という歴史的使命を現代日本の若者たちはもう誰からも求められておりません。

自分のことだけやっていればいいよ、と。自己利益の追求に１００％集中してくださって結構ですよ、と。大人だって、みんなそうしているんだから。

彼らはもう「青年」になる必要がありません。欧米と日本、旧時代と新時代を架橋する必要もない。ですから、「こまっちゃくれた子ども」の後はそのまま「幼児的なおっさん」になるというコースをそれからみんなたどるようになった。

というわけです。

ですから、「青年」は今の日本にはもういません。時代状況が変わって、もうこんなに薄っぺらな国には生き延びるチャンスがないというところまで危機感が高まると、もしかするとまた歴史的召命《しょうめい》に応えて「新しい青年」が出てくるかもしれませんけれど、まだ今のところそれはかすかな予兆以上のものではありません。

「青春」に話を戻します。

明治大正時代に「青春」という言葉が選好されたのは、それが「青年」たちの時代だったからです。

「青年」が消えると同時に「青春」も消えた。

僕はそういうふうに考えています。

ですから「青春て、なんなんだろう」という問いをもしほんとうに切実なものだと感じているとすれば、その人は「青年というものが存在しなければ、この国はもう立ちゆかないのではないか……」という不安を無意識のうちに感知しているからではないかと思います。

青年の定義をもうすこし詳しくすべきでしたね。

青年というのは、旧時代と新時代、欧米と日本を架橋するだけでなく、「子ども」と「大人」を架橋する存在でもあります。

子どものような初々《ういうい》しさ、理想主義、無垢さ、羞恥心《しゅうちしん》を持ちながら、大人たちに立ち交じってそれなりに交渉ごとをしたり、仕事で力を発揮したりする社会的能力も持っている。

それが「青年」です。

そして、「青春て、なんなんだろう」と問う人は、たぶん直感的に「自分は青年なんだろうか。青年の条件を満たしているんだろうか（ていうか、そもそも「青年」の条件て何だろう？）」と思い始めているのではないでしょうか。

だとすれば、そう思ったときが「青春」の始まりであり、そう思わなくなったときに「青春が終わった」という理解でよいと思います。

残念ながら、青春が終わったときに、「ああ、今青春が終わったな」と思えるようなナイーブな感受性は青春が終わったときの男にはもう残っていませんけれど。

# 教育とは「おせっかい」と「忍耐力」である

個としての自分を超えて人生というものを捉えていくにあたっては、人に何かを伝えること、あるいは教えることを考えないわけにはいかないように思います。人にものを教える教育者が踏まえておくべきことはなんでしょうか。

「教える」ということを生業《なりわい》にして、なんだかんだで35年くらい経ちます。これほど「教師」という仕事が自分に向いているとはやってみるまで知りませんでした。

意外に向いていたんですねえ。

人にものを教えるための適性とは何か。

そこから考えてみます。

わが身を振り返ってみると、ふたつあると僕は思います。

「おせっかい」と「忍耐力」です。

## 「おせっかいな人」が学びの場を作る

教える上で「おせっかい」はまず不可欠の資質です。

「教わりたい」というニーズがまずあって、「教わりたい人」が集まって学校を建てて、先生を呼んできて、謝金を払って……というのはきわめて例外的なことです。

ふつうは「教えたい」という「おせっかいな人」がまずいて、その人が「教わりたい」という人を集めて、学びの場というのは立ち上がります。

少なくとも近代的な「学びの場」は、「おせっかいな人」によって創建されたものです。ジェームズ・スチュアートとジョン・ウェインが出演した『リバティ・バランスを射った男』という西部劇の名作があります。見たことがない方はぜひこの機会にご覧ください。

開拓時代の西部の街に、東部のロースクールを出たジェームズ・スチュアートがやってきます。そして、この無法の街に「法治」を実現しようとして弁護士事務所を開きます。でも、誰からも法律相談の依頼なんかきません。人々にまだ「市民」という意識がないからです。アメリカ合衆国憲法の精神とはどういうものか、それを教えるために彼はまず学校を作って、アルファベットを教えるところから始めます。

この映画のジェームズ・スチュアートは全編「おせっかい」なことだけを選択的にし続ける（わりとうんざりな）人物です。

一方、その相方になるジョン・ウェインは「必要最低限のことしかしない」典型的な西部の男です。

しゃべるときも必要最低限のことしか言わないし、歩くときも最短距離しか歩かない。用事のないところにはゆかない。必要なものしか求めない。そもそも自分の行動や感情についての「説明」ということを一切しません。あらゆる人間的資源は「生きるか死ぬか」というまれに訪れる危機的状況のために保存している。

野生動物のような合理性に貫かれた男です。

たぶん実際開拓時代のフロンティアを生き抜けたのはほんとうにこういうタイプの男たちだったんでしょう。

ジョン・ウェインの年齢だと、幼い頃に身の回りにいた「開拓時代を生き抜いた男たち」には実際にそういう人が多かったのだと思います。ハリウッド西部劇の背景になっているのはかなり期間的には限定されています。それは南北戦争後からフロンティアの消滅まで、つまり１８６５年から１８９０年までです。

ジョン・ウェインは１９０７年の生まれですが、そのとき『ＯＫ牧場の決闘』でヒーローになったワイアット・アープはまだ59歳でした。ビリー・ザ・キッドがパット・ギャレットに撃たれないで長生きしたら、その年には48歳になっていたはずです。ジョン・ウェインは少年時代に現認したそういう「西部の男」をモデルにして、その役柄を（あるいは彼自身を）造形していたのだと思います。

でも、こういう人には「教える」ということはできません。ジョン・ウェインも晩年になると「後進に生きる術を教える」老カウボーイ役柄を演ずるようになりますけれど、そのパフォーマンスは彼が若い頃に演じた野生動物のようなカウボーイほどに魅力的ではありません。

このタイプの人間にとっては、自分を守ることが最優先する。余力があれば、「生かしておいたほうが役に立つ」他人の助力をする。

それだけ。シンプルで、クールです。

でも、市民社会を基礎づけるのはこのような「野生動物のような合理性」ではありません。

『リバティ・バランスを射った男』が興味深い西部劇であるのは、「ジョン・ウェイン型」の寡黙で合理的な「野生の男」から、ジェームズ・スチュアート型のおしゃべりでおせっかいで危機的状況にはあまり強くない「市民」にアメリカの男性の「ロールモデル」が変遷したということをはっきりと表象しているからです。

映画の中で、ジョン・ウェインは無名のうちに窮死《きゅうし》し、ジェームズ・スチュアートは州知事から上院議員になり、副大統領候補にも擬《ぎ》せられるほどの出世を遂げます。

近代の学校教育はこの映画が端的に示すように、「例外的強者が資源を節約してひとり生き抜く」から、「弱者たちが手持ちの乏しい資源を出し合って共生する」へ生存戦略がシフトした流れの中にあります。良い悪いは別にして、ジェームズ・スチュアート的「おせっかい」によって学校教育は始まったのです。

僕たちももちろんその「流れ」の中にいます。

ですから、その中で教育者に求められているのは、「おせっかい」なのです。

## ニーズを言葉にできない人へ

それは教育が「弱者ベース」で制度設計されているということを意味しています。

彼らは自分にどういう社会的能力が必要なのか、わかっていない。自分が蔵している潜在的な資質をどう開発してよいのか、そのプログラムを知らない。自分がどういう「ルール」で行われているゲーム」のプレイヤーであるのかも、わかっていない。

でも、彼らはその定義からして、「これこれのことを知りたいので教えてください」というふうな「ニーズ」を言葉にすることができません。

もし、自分に必要なものをはっきり言語化することができ、どこに行って誰にそれを求めたらいいのかを知っており、それを教えてもらう代償に提供できる価値あるものをすでに手元に持っているとしたら、その人はすでにかなり学習進度の高い段階にいるということです。

とりあえず「教える」という営みが対象にしているのは、この段階まで達した人たちではありません（彼らは「高等教育」の対象です）。

まだ自分に必要なものを知らず、どこに行っていいかわからず、教わる代償に提供するものを何も持たない人たち、そういう「子ども」たちが近代教育における「生徒」の基本型です。この「子ども」たちをベースにして教育は制度設計されています。

ですから、教えることの起源は「おせっかい」になる他ありません。

そういう子どもたちの近くに行って、「君に必要なものは、これだよ」、「それはあそこに行って、あの人に習うといいよ（『私の所に来て、私に習うといいよ』のほうがさらに『おせっかい度』は高いです）」、「教えてもらうためには、こういうことをしたほうがいいよ」ということを告げる。

それが教育の第一歩です。

## お代は要らないから、私の話を聴いてくれ

僕が勤めていた神戸女学院大学という学校は1873年（明治6年）に二人の米国人の女性宣教師によって創建されたものです（たぶんジェームズ・スチュアートがフロンティアの街に読み書きの教室を開いたのと同時期です）。

この女性たちは神戸の山本通りに小さな私塾を開き、そこで英語やキリスト教学や西洋史を教えました。

この時点で、彼女たちの教育内容に対する「市場のニーズ」というものは存在していませんでした。

明治初期に米人宣教師から教育を受けることが「就職に有利だ」とか「高いポストや年収が約束されている」とか考えている人はひとりもいませんでした。なにしろ尊王攘夷を掲げて志士たちが「洋夷《ようい》」に天誅《てんちゅう》を加えるべく血刀《ちがたな》を振り回していた時代からわずか6、7年後なんですから。

彼女たちは「誰も求めてないもの」を教えるために太平洋を渡ってきたのです。塾の最初の生徒は7人でした。それがだんだん増えて、戦後は２０００人規模の大学になりました。

同じような経緯をたどった学校は日本中にたくさんあります。

スタートは「おせっかい」です。

だって、誰も開学者たちに向かって、「学校を開くために来て下さい」と懇請《こんせい》したわけじゃないんですから。

神戸女学院を創立した二人の宣教師がサンフランシスコを船出したとき、日本にはまだ「キリシタン禁止」の高札が掲げてあったのです。「来て下さい」どころか「来ちゃダメ」と言われているところに自分から出かけて行ったのです。

でも、教育というのは、「そういうもの」なんです。

今どきは教育について語るときに、「市場のニーズが」とか「集客力のあるコンテンツ」とかビジネスの言葉づかいを多用する人がいますが（いますがどころか、ほぼ全員がそうです）、そういう人たちについて確実に言えることは、彼らがもし明治時代に生きていたら（あるいは開拓時代のアメリカに生きていたら）絶対に自分で学校を始めたりはしなかったということです。

僕はそういう人たちは「本質的に教育と無縁の衆生《しゅじょう》」だと思っています。教育にまったく興味もないし、子どもたちに教えることに特段の使命感も感じていない人たちが、何かの間違いで学校教育にかかわってる。そういう人たちが日本の学校教育をここまでダメにしたのだと僕は思っていますが、それはまた別の大きな問題なので、今日は触れません。

とにかく「おせっかい」が第一ということです。

「おせっかい」というのは言い換えると「身銭を切る」ということです。

「お代を下されば、それと等価の商品を差し上げます」じゃありません。

「とりあえずお代は要らないから、来て私の話を聴いてくれ」ということです。

そこからしか教育は始まりません。

「おせっかい」のマインドセットというのは落語『寝床』で義太夫《ぎだゆう》を唸《うな》る旦那のそれに近いものです。お酒もお肴《さかな》も、甘い物もこちらでご用意するから、ぜひ私の義太夫を聴きに来て欲しい、と。

それくらい「持ち出し」覚悟じゃないと、学びの場というものは立ち上げられない。

もうひとつ、教えるために必要な人間的資質があります。

「忍耐力」です。

教育は「弱者ベース」だということを申し上げました。それは言い換えると「どんくさい子どもベース」ということでもあります。

「打てば響く」とか「一を聞いて十を知る」とか、そういう費用対効果のよい子どもを教えるときの基準にとることはできません。

打ってもさっぱり響かない。十を聞いてようやく一を知る、というレベルの子どもをデフォルトにして「教えるシステム」は設計されなければならない。

僕はそう思っています。

どんな子どものうちにも豊かな潜在的な資質が眠っている。それがいつ、どんなきっかけで開花することになるか、それを予見することはできません。

ある子どもがいきなり爆発的に成長するきっかけになった「ひとこと」があるとします。でも、その「ひとこと」が万人に適用できるということはありません。同じことをしても、他の子どもたちは何の反応もしないということはよくあることです。

すぐれた能力開発プログラムをひとつ開発すれば、万人がそれによってぐいぐい学習が進むというようなことはありません。ひとりひとり全員、「才能が開花するトリガー」が違うからです。中にはずっと眠りっぱなしで、みんなが忘れた頃にどかんと爆発的に才能が開花するという人もいます。「大器晩成」と言いますけれど、ほんとうに巨大な人間的器量はものが大きすぎるので、かたちをとるまでにすごく時間がかかるのです。

でも、今の教育システムはこういう「いつ開花するかわからない才能」や「どんなものだか見当もつかない才能」の能力開発にはまったく対応していません。まったく。ゼロ、です。

日本社会から（日本だけじゃないかもしれませんが）「大器」と言われるほどの人物が出なくなってしまったのは、そのせいだと思います。みんな「促成栽培」で「はやく、はやく」と子どもたちを急かしています。だからひょろひょろした、根の浅い、見栄えだけの人間が量産されています。悪いけど、こんなのへなへなしたのは、屋台骨《やたいぼね》がぐらついてきた日本社会の「つっかえ棒」にも使えません。

## 教育の受益者は「本人」ではない

教えるというのは共同体を支える「次世代」を創り出すための仕事です。それは家族でも、企業でも、地域共同体でも、国民国家でも同じです。勘違いしている人が多いので、確認しておきますけれど、教育の受益者は「本人」ではありません。

共同体そのものです。

だから、「おせっかい」な人が出てくるのです。あれは道楽でやっているわけじゃありません。「共同体を生き延びさせるため」に必死でやっているわけです。自分のところの共同体が生き延びてくれないとさきざき「自分自身も困る」ことがわかっているからしかたなく「おせっかい」をしているのです。

でも、教育は「共同体が生き延びるため」のものであるというアイディアにすぐに同意してくれる人はきわめて少数です。

ほとんどの人は「教育を受けるのは、自己利益を増すためだ」と信じているからです。勉強して、いい学校に行って、いい会社に入って、高い年収と社会的威信を手に入れて、ゴージャスな消費生活をするために人間は勉強するのだと思っている。

違いますよ。

違うだけでなく、一生懸命勉強すると「いいこと」がある、というタイプの利益誘導で子どもに知識や技術を教えようとするのはきわめて非効率的で、あえて言えば無駄なことです。

先行世代が教えなければならないのは「自己利益を増大する方法」ではなく「共同体を生き延びさせるための方法」です。教えなければいけないのは、個人が生き延びる術ではなくて、彼らが属している集団が生き延びるための術です。

集団があと100年、200年生き延びるために今ここで何をすべきか。それが「わかる」能力を身に付けてもらうのが教育の本義であり、それ以外のことはすべて副次的なことにすぎません。

はっきり申し上げますけれど、「学ぶとこんな自己利益があるよ」という利益誘導で学習努力を基礎づけようとする試みは本質的に失敗を宿命づけられています。

もう何度も書いてきていることですけれど、報償が予示された場合に、人間はすぐに費用対効果を考えるからです。

「どうすれば最少の学習努力で、教育を受けた場合に得られる報償を手に入れられるか」を考える。

それがいちばん合理的だからです。
目的を達成するための学習努力を最少化する方法を考案する。
必ずそうなります。

これも何度も書いていることですけれど、大学の最初の授業で学生たちが必ず訊いてくるのは「何点とると単位もらえますか」と「何回休めますか」です。義務でもあるかのように、必ず訊いてきます。彼らは単位をとれるための「ミニマム」を知りたがるのです。「単位という商品」を手に入れるための「学習努力という代価」の最低金額を知ろうとしているのです。それ以上払ったら無駄だと思っているからです。60点で単位がもらえる授業で、80点や90点を取るのは無駄な努力をしたということですし、15回のうち5回休んでもいい授業で4回しか休まないのは「有給を消化し損なった」ようなことだと思っている。

教育が提供するのが消費者にとって有用な商品であり、消費者の自己利益を増大させるのだという前提に立つなら、その品をいかに安く買い叩くかが消費者の腕の見せどころになります。できるだけ授業に出ない、出ても寝たり、私語をしたり、スマホで遊んだりして授業に集中しない、レポートはWikipediaを丸写しする、テストはカンニングする……

といった一連の怠業行為は別にその授業に意味がないと思っているからしているわけではないのです。あれは怠けているのでも、不注意なのでもなく学習努力を最低に切り下げるための必死の努力のかたちなのです。ディーラーに車を買いに行って、営業マン相手にタフな交渉をしている消費者は別に彼らが買おうとしている車には価値がないと思っているわけじゃありません。価値があることはわかっている。問題はそれをいかに安く手に入れるかなのです。そのためには努力を惜しまない。それと同じことを今の学生たちは教室で行っている。教育を受けることを「買い物」だと思って学校に来れば必ずそうなります。

話を戻しますね。

教えるものには忍耐力が必要だという話をしているところでした。

教える人間に必要なのは「待つ力」です。

待つといっても半端じゃない長さです。5年や10年待ってもさっぱり教えた甲斐がないということもあります。しばしばあります。

そういう場合「教える仕事」はもうひとりでは担えません。

転職したり、異動したり、リタイアしたり、あるいは死んだりしたあとも「後を引き継《つ》いで教え続ける人」たちと共同作業をしないと教えるという仕事は完遂できません。その意味で、教えるという仕事は本質的に「共同作業」なのです。

自分が目の黒いうちに結果を出そうと焦《あせ》ってはいけない。

自分ひとりで何とかしようとしてはいけない。

自分の採用した教育方法ではぜんぜん効果がなかったけれど、他の人がやったらめざましい成果が上がった、ということもあります。

これはどちらの教育方法がよかったとかすぐれているとかいうことではなく、「いろいろな教育方法を試してみるほうがいい」ということなのです。

子どもの数だけ個性があり、子どもの数だけその個性的な資質が開花するときの「トリガー」も違う。

「下手な鉄砲も数撃ちゃ当たる」というのは、教育についてもことの本質を衝いた言葉だと僕は思います。

だから、ここで言う忍耐力には、「子どもの成長をずっと気長に待ち続ける」という時間的な忍耐力だけでなく、「自分に果たせなかった仕事を他人が果たしてくれた」という「ちょっと悔しい」気分に耐える力も含まれています。

## 「引き裂かれてある」ことこそ教師

というわけで、教えるときに必要なものは「おせっかい」と「忍耐力」なのです。この二つの気質は、よく考えると相反するものです。

「おせっかい」な人というのは、だいたい「イラチ」な人ですから（「イラチ」というのは関西の言葉で東京だと「気ぜわしい」とか「短気」ということです。

「おうおう待ちねえ。もう見てらんねえぜ。そうじゃねんだよ。こうやってやるんだよ。貸してみろい」というようなタイプの「割って入る人」です。

そういう人が「延々《えんえん》と待つ」ということをしないといけない。「まあ、急いじゃいけないよ。気長に待つんだよ。そのうち、なんとかならあ」って。

たいへんです。まったく背馳《はいち》する二つの能力を同時に発揮しなくちゃいけないんですから。

でも、これは僕が35年「教える」という仕事をしてきた経験から申し上げられることです。

この二つの傾向のうちに「引き裂かれてある」こと。

それが「教える」という仕事が人間に求めることです。

これを受け容れることのできる人が「教える資格」のある人です。

それ以外には「教える」ためのノウハウも、秘訣も存在しません。

以上が、「人にものを教える」立場に今ある方に僕から申し上げたいことです。

# メンターからの「卒業」

自分のことをそれこそ「おせっかい」かつ「忍耐づよく」導いてくれた上司のことが、最近、以前ほどには尊敬できなくなってきました。自分が成長したこともあるのかもしれませんが、そこまで「偉い人」に感じなくなった上司とどうつきあっていけばいいか、少し戸惑っています。

このような問いを提出してくるというのは、現に「上司とうまくつきあえないでいる」という現実があるからですね。

わかります。そういうことってありますから。

年長で、経験も多いその人から僕が学ぶべきものはまだあるように思う。自分に仕事のイロハから教えてくれたわけでもあるから、今日の僕があるのも、かなりの程度この人のおかげなんだよな。でも、なんだか人間の底はだいたい見えたような気もするので、もう若い時ほど無垢《むく》な気持ちで敬意を抱くことができない。

だいたい、そのうち立場が逆転して、僕のほうが上司になる可能性もありそうだし。今あまり向こうに威張らせておくと、万一立場が逆転したときに、僕より先方が気まずいだろうな。

だったら、今のうちから微妙に「ため口」っぽいしゃべり方を会話の中にまぜたり、一緒に飲みに行ったときに、「あ、たまには僕におごらせて下さいよ」くらい言おうかな……。

でも、そういうこっちの微妙な態度の変化を向こうが察知して、「コノヤロ、今、一瞬、上から目線でものを言いやがっただろ」とへそを曲げると、後が面倒だな……などなど。

サラリーマンはいろいろ考えるんですよ。

でも、これはかなり特殊な上司問題です。

「バカ上司」「すぐれた上司」「凡庸《ぼんよう》な上司」というような雑駁《ざっぱく》な三分類にさくっと収まるようなケースなら、そうは困らない。でも、自分が「先達《せんだつ》」と思って、素直に見上げて、その人の指示に従ってきた人の「底が見えた」と思ったときに、その人を「ロールモデルから外す」タイミングについてということになると、かなり本質的な問題です。

では、それにお答えしましょう。

今、です。

## 素直に「ありがとうございました」と告げて

メンターには二種類あります。生涯その後をついてゆくことのできる「師」と、僕たちをA地点からB地点まで送り届けてくれる人、「繋《つな》ぐ人」です。

これはどちらも成熟のためには必須の存在です。「繋ぐ人」は場合によっては、ほんとうに短い間、ある場所から別の場所まで僕らを導いたり、ある人に引き合わせたり、ある限定的な技能や情報を教えてくれたりするだけで、去ってゆきます。そのことについて悲しむ必要はないし、「裏切った」とか「利用した」というような自責を感じる必要もありません。

その人がいなければ、「ここ」までたどりつけなかったという点では、その人もまた僕たちにとってなくてはならぬ「メンター（mentor）（先達）」のひとりであることに変わりはないんです。

それが「生涯にわたって」というわけではなかったということです。

このトピックについては、講道館《こうどうかん》の創始者嘉納治五郎《かのうじごろう》の話が参考になると思います。

嘉納治五郎は万延元年摂津《せっつ》国御影《みかげ》村で生まれました（僕の道場、凱風館《がいふうかん》があるのは、たぶん嘉納治五郎の生家のすぐそばのはずです）。

嘉納先生は東京大学を卒業後、学習院教頭に就き、以後東京高等師範や第五高等学校の校長を歴任したエリートでしたが、少年の頃から身体が虚弱で、柔術がやりたくてしかたがなかった。でも、明治維新のあとですから、武術はすっかりさびれていて、どこにも柔術を教えてくれる人がいない。東京中を探し歩いて、ようやく天神真楊流《てんじんしんようりゅう》を学んだ八木貞《やぎてい》之助《のすけ》という人を探し当てる。でも、この人はもう柔術を教えていない。自分の同門だった福田八之助《ふくだはちのすけ》が柔術を教えているはずだから、そこまで案内してあげようと言って、福田の家の近くにまで治五郎少年を連れて行きます。そして、「ここで稽古をしなさい」と言い置いて八木は立ち去ります。

明治10年、治五郎少年は福田の門に入り、12年には同流磯正智《いそまさとも》に就き、さらに14年に起倒流《きとうりゅう》の飯久保恒年《いいくぼつねとし》に学び、明治15年に講道館柔道を興します。5年の間に治五郎少年は八木、福田、磯、飯久保と4人の「メンター」に次々と出会った。それによって嘉納治五郎先生は講道館柔道の基礎を築いたわけです。

この中の誰かひとり欠けていても、講道館柔道は存在しなかったかもしれないし、あるいはそのあとの柔道とは違ったものになっていたかもしれないということです。

八木貞之助はただ自分の家から福田の道場のところまで治五郎少年を送り届けただけです。でも、この人も嘉納治五郎にとってはなくてはならなかった「メンター」だと僕は思います。

上司や先輩たちもそれに似ています。

彼らが「ある地点から別の地点」に若い部下たちを導く限り、「メンター」と呼ばれる資格があります。それが長期にわたるのか、ほんのいっときで終わるのか、それは上司たちの力量とこちらが求めるものの相性次第です。ですから、僕たちはかりにそれが短い期間だったとしても、「つないでくれた恩」に対しては、素直に「ありがとうございました」と告げて、旅路を先へ進めばよいのではないかと思います。

# 子育ては誰にでもできる

**教育の受益者は本人ではなく共同体。そうわかっていても、いざ親として自分の子どもに接すると「自分の子だけには幸せになってもらいたい」と考えてしまう。これはエゴでしょうか。親は子どもと、どのように接していけばいいのでしょうか。**

子育ても、よそさまのお子さまたちをお預かりしての教育にしても同じことですが、「これでうまくゆく」という単一の原理に基づく「最終的解決」はありません。経験的にわかっていることは、「複数の教育原理が共生している状態」と「単一の教育原理で律されている状態」では、いろいろな先生がてんで勝手に教えている環境に置かれた方が子どもが成熟するチャンスは高いということです。

「葛藤《かっとう》なき創造」というものがありえないからです。

子どもの成長はいわば「自己創造」です。自分の手で自分を作り上げてゆくのです。

そのためには「葛藤」が必須です。つるっとした鏡の上のような表面をつるつると滑って、赤ちゃんが老人になりました……というようなことはありません。ぶつかり、ひっかかり、転び、飛び上がり……あれこれしていることでようやく大人になる。

むろん、葛藤がありすぎても困ります。

小さな子どもがいきなり乗り越え障害物にぶつかってそこで「停止」とか、どすんと穴ぼこに落ちてそこで「休眠」というのでは困ります。

適度な抵抗と、適度な摩擦、適度な障害、そういうものが子育ての必要条件です。適切な葛藤のうちに置くこと、これが教育の要諦《ようてい》です。僕はそう思います。

## 成熟とは「役割」です

どんな集団もそれぞれに固有の文化を持っています。言語も宗教も食文化も生活習慣もコスモロジーも違う。そういう異なる集団性格をもった二つの文化圏がぶつかるときには必ず激しい葛藤が生じます。

でも、人類の歴史を見ればわかる通り、すべての文化的創造はその「二つの文化が衝突するインターフェイス」に発生している。

一方が他方を「殲滅《せんめつ》」させることができない場合には、「折り合う」しかない（もちろん人類史上には出会った相手をいきなり「殲滅」した例もあります。でも、そういう場合にはいかなる文化的創造もありません）。

「折り合う」というのは、その二つの集団性格のどちらについても「まあ、そういう考え方もあるかもしれない」と受け入れることです。

「こちらの言い分も、こちらの言い分も、それぞれ聞いてみればもっともな話じゃねえか。どうだい、ここはひとつナカとって」という展開のことです。

この「ナカとって」というのが「仲裁役《ちゅうさい》」です。

落語「厩火事《うまやかじ》」だと「兄さん」ですね。

「兄さん、あたしは今日という今日はもう我慢ならない。もう別れるったら、別れるから」

「おう、そうかそうか。そりゃいいや。すっぱり別れちまいな。あんなろくでもない亭主にいつまでもくっついているこたねえやな」

「ちょっと待ってくださいよ。そんないきなり。うちの人だって、そんな悪い人じゃないんですから」

「なんだよ、別れ話にきたのにのろけてやがる」

まあ、そういう展開ですね。

この「兄さん」のポジションのことを「成熟」と言います。

成熟というのは、コンテンツのことではありません。役割です。年齢とも性別とも職業とも経験知とも実は関係がない。芝居の役と同じですから。そこに「キャスティング」されたら、巧拙《こうせつ》の差はあれ、誰でも演じられる。

誰かが「仲裁役」をしなければならない状況に置かれると、その人は「成熟した人間であるようなふり」をすることを求められる。

よく夫婦喧嘩をしていると、うんざりした子どもが「もう、いい加減にしてよ！」と一《いっ》喝《かっ》するということがありますね。そういうときは、相手が幼児であっても、両親が思わず

「はっ」と恐縮して、黙ってしまう。

あれは、子どもの識見や貫禄《かんろく》に負けて「はっ」となっているのではありません。子どもにそんなものがあるはずがない。

あれは、子どもが「両方の言い分をそれぞれに偏《かたよ》りなしに聞いて、できれば折り合いをつけたい」という立場に立ったという事実の効果なんです。

「どうだいここはひとつナカとって」という言葉を「言わなければいけない立場」に立った人間のことを僕たちの世界は「成熟した人」とみなします。

ことの順逆を間違えないでくださいね。

大人だから仲裁役を頼まれるのではありません。立場上、仲裁役である人のことを「大人」と呼ぶのです。

ジャック・ラカンはこう述べています。

「人は知っている者の立場に立たされている間はつねに十分に知っている」

ラカンの言葉を借りて言えば、「人は仲裁する立場に立たされている間はつねに仲裁することができる人間である」ということです。

「仲裁できる人間」が「大人」です。

つまり、成熟というのは、「仲裁する立場に立たされること」なのです。

これで、「葛藤なき創造はない」というさきのテーゼと成熟の関係がおわかりになってきたかと思います。

成熟とは自己創造のことです。葛藤なき自己創造もまたありえない。そして、人間たちのあいだで、二つの原理が衝突しているときに、それを「どうですここはひとつナカとって」と介入することが求められる。

誰かがその立場を引き受けなければならない。

その立場をやり遂げられる能力のことを「成熟」と呼ぶ。

つまり、人は成熟しているようにふるまわなければならないときに成熟するということです。

## 親たちの葛藤を子どもが仲裁するときに

「子育て」とは「子どもの成熟を支援すること」です。

その一言に尽くされます。

そして、子どもが成熟するのは、「折り合わないものを折り合わせる」ことにおのれの知性的・感性的な努力を集中することによってです。

折り合わないものを折り合わせるためには、「いろいろ違いはあるけれど、とりあえず「この一点」では一致している」という共通のプラットフォームを探り当てなければならない。

文字通りの「プラットフォーム」です。電車がそこから出発する。行く先は違うし、特急も各駅停車もあるけれど、とりあえず全車両が「ここ」にはいったん停車するというのが「プラットフォーム」です。

「コミュニケーションのプラットフォーム」を探り当てること。

あらゆる対話はそこから始まります。そこからしか始まりません。

お父さんとお母さんは子育てについて意見が違うとします。おたがいに青筋立てて、口《こう》角泡《かくあわ》を飛ばして議論している。この場合に子どもが仲裁を果たしうるとしたら、この親たちに「あなたがたは対立しているように見えるけれど、一点だけ共通の基盤があるではないか」ということに気づかせることしかありません。

これが「プラットフォーム」です。

あなたたちは、それぞれ別の仕方ではあるけれど、いずれも「わが子には幸福になってもらいたい」と願っている。ただ、「わが子の幸福」がどういう形態のものであるかについての「夢想」のかたちが微妙にずれている。

それだけの違いです。

かたちはどうあれ、最終的に「その目的」が成就するのであればよろしいのですね、というふうに話を運べば、仲裁は成る。

子育てというのは、このような仲裁役の立場に子どもを追い込むことに存する。そう申し上げてよろしいでしょう。

「わかりましたよ。要するに、わたしが幸せになれば、二人とも満足なんでしょ?」ね、そうですよね。そう宣言する以外に実効的な仲裁の手だてはありません。子どもにそう言われちゃうと、両親もこれには反論できない。だって、子育てのことで論争していたわけですから。親だってちょっと毒気を抜かれて、「うん……まあ、そうなんだけど……」ということになる。

そして、両親が子どもの幸福を願いながら、その実現の手段について意見を異にしているという状態を子どもが確実に仲裁するためには、そのどちらかに理があると判定するのではなく、「そのどちらとも違うかたち」で自力で幸福になってみせるしかないのです。そうですよね。

父親と母親とで進路や就職について意見が対立しているときに、どちらかに加担することは「ナカとって」になりません。子どもは親のどちらか一方に向かって「あなたの教育方針は間違っていた」と告げることはできません（あまりに気の毒ではありませんか）。どちらを傷つけることもなしに、親たちの対立を調停するためには、どちらとも違う選択肢を自分で見出して、その選択を通じて自力で幸福になってみせるしかない。それが親たちの作りだした葛藤の子どもによる仲裁の原理的なかたちです。それが成熟ということです。

# 両親の育児戦略は一致してはならない

前に『先生はえらい』という本に書きましたが、「恩師」というのはできればちょっと「変わり者」のほうがよい。

『三四郎』における「大いなる暗闇」広田先生のようなのが好個の例です。

三四郎や与次郎からはすごい先生のように敬されていますが、なんだかよくわからない人です。世間からはあまり高く評価されていない。侮る人さえいる。

だから、三四郎と与次郎は「こんなすごい先生どうして野に隠れているままなのだろう」と切歯扼腕《せっしやくわん》している。なんとかして、この先生の「すごさ」を世間に示して、彼らの鼻を明かしてやろうかと考える。

いい方法がひとつあります。

この先生が「先生としてすごい」ということを証明するもっとも効果的な方法は「優秀な弟子を輩出した」という事実を満天下に示すことです。

弟子たちには「自分たちが立派になってみせる」こと以上に効果的に「先生のえらさ」を証明する方法がありません。

「おーし、そうならそうで、やったろうじゃないか」ということになる。

そういうことです。

結果オーライ。

だから、恩師に選ぶなら、それは「自分の眼からは『すごい人』に見えるのだが、その評価に与する人が世間にまだ少ない」というあたりが「いい湯加減」だということになります。

自分が努力するまでもなく、恩師が偉人であることがすでに天下周知であるとすると、弟子のほうはとりあえず「先生のえらさ」を身銭を切って証明してみせる必要がない。偉大な先生の弟子である自分がろくでもない人間であっても、それくらいのことで先生の威信は傷つかないということがわかっていると、弟子の「まっとうな人間」になろうという意欲は有意に減じる。

よく「尊敬する人」とかいうアンケートに「聖徳太子」とか「エジソン」とか答える中学生がいますけれど、そういうふうに答えることを許すなら、その問いの教育的意味はゼロです。

こういうアンケートには「横町の寿司屋のおやじ」とか「昨日、電車の中で優先座席で狸寝入りをしていた高校生に10分間説教したおばさん」とか、そういう「オレは知っているが、世間の人はまだ知らない」くらいのレベルの「えらさ」を選択するほうがより教育的だろうと僕は思います。というのは、聖徳太子のえらさを証明するために個人的努力をする中学生はいませんが、誰も知らないけど「けっこうえらいよな、あの人」とこの中学生が思った人の「えらさ」のよってきたるところを説明し、そのえらさを讃えるためには、身銭を切らなければならない。

いい親も同じです。

子どもに身銭を切らせるのが「いい親」です。

箸《はし》の上げ下ろしから靴下の脱ぎ着まで手伝ってあげるのが「いい親」であるわけではありません。

何より大事なことは、両親の育児戦略は一致してはならないということです。

この点については、世のほとんどの親たちは深刻な勘違いをしています。両親の育児戦略が一致させなければ子どもは育てられないと思っている。もちろん一致するわけがないので、果てしなく議論して、「母ちゃん、僕のご飯まだ？」と子どもが泣訴しても、「うるさい！　今それどころじゃないんだ」ということになる。そんなの、本末転倒でしょ。

両親の育児戦略は違うんです。違って当然だし、違うほうがいいんです。

子どもが葛藤するから。

仮に親がまったく同じ方針で子育てをした家庭があったとすれば（さいわい、なかなかそういう家はありませんけど）、そこは子どもにとって「地獄」でしょう。

だって、自分がどうあるべきかについて唯一の解しか許容されない家庭なんですから。親の言うことに「ちょっと違和感があるなあ」と思っても家にいる限り、それに共感を示してくれる大人は誰もいない。そういう子どもは家にいる限り成熟することができません（だから、たいていすぐに家から出て行ってしまって、親が「ああいう生き方だけは絶対して欲しくない」と想像していた通りの生き方を選択して、自分を苦しめた親たちに復讐することになります。親も気の毒ですけれど、本人はもっと気の毒です。そんな生き方したくてしているわけじゃないですから）。

子どもは葛藤のうちで成熟します。だから、適切な葛藤のうちに放置しておけばいいんです。父親が「ああしろ」と言ったら母親が「あんなこと言ってるけど、無視していいのよ」とささやき、母親が「そんなことしちゃダメ！」叱っても父親が「母さんに見つからないところでやればいいんだよ」と悪知恵を授ける。そういうのがいいんです。

育児の最終目的は「子どもが幸福に生きられるように支援すること」です。そのためには「幸福とはこういうことである」というような決めつけをしてはならない。子ども自身が自分の頭で考えて、自分の身体で感じて、「幸福って、こういうこと？」と発見する日が来ることを気長に待つことです。

ですから、極端な話、「わが子は公共の福利を配慮できる成熟した市民に育ってほしい」と言う親と「自分の子どもは『自分さえよければそれでいい』という利己的な生き方を貫いて欲しい」と言う親がいて、激しく言い争っているというような家庭環境だって、ぜんぜん構わないのです。みごとに葛藤してるから。子どもはそのどちらでもないソリューションを自分のために探し当てようとするでしょう。

親の仕事は一言で言えば、子どものために「葛藤的状況」を作り出すことです。それだけ。それができたら上等です。

でも、ひとつ注文を付けさせてもらえるなら、できれば一方の親は「教育方針がしっかりしていて、あまりぶれがない」、他方の親は「言うことがころころ変わって、一貫性がない」というカップルがよいと思います。

「オヤジの言うこと、昨日と違うじゃねえか」と子どもに言われて「ぐう」と詰まってしまう親と、「ママ、昨日と言うこと違うじゃない！」と言われて「そんな昔のことは忘れたよ」と鼻先で笑い飛ばす親のカップルというようなのが、たぶん親としては最高だと思います。

パパが「お前なんか勘当だ！」と言って子どもを叩き出したときに、ママは裏口で「美味しいもの食べるのよ」と言ってお小遣いをくれる。そういうのがいいんです。

そういう二原理の葛藤の中におかれたときに、子どもはすくすくと成長するのでありまず。

つまり、「ふつうにしていればいい」んです。

だって、子育てなんて7万年前からやってきたわけですからね。

親族の存続は人類にとっての最優先事です。ということは「例外的に賢い人たちが、必死の努力を払わなければ、うまくゆかないもの」として制度設計されているはずがない。そんなに品質管理のレベルを高く設定していたら、とっくに人類は滅んでいますよ。

人類学的に重要なすべての制度は「誰でもできる」ように設計されています。

ご心配なく。

とりあえず、落語でも聴いてください。

「子別れ」とか。

第5章

# この国で生きるということ

# 「愛国者」とは誰のことか

愛国を理由に他国の人を口撃する人なども現れているようですが、真に「国を愛する」愛国者のありようとは、どのようなものだとお考えでしょうか。

お笑い芸人の親族が生活保護を受給していたことの道義的責任を自民党の片山さつき議員が責め立てて、それがしばらくメディアやネット世論を賑わせたということがありました。

そのときの論難の基本構文は「国の富を不正に私物化しているのは誰だ？」というものでした。

彼女は、自分のブログで、同じ時期に「韓国の従軍慰安婦に対して、韓国政府があれこれ要求していることに対して首相は弱腰である」ということと、「国民健康保険の掛け金を払っていない外国人が多い」ということを書いていました。

これらのトピックを通読すると、この議員の政治的主張は「わが国の富を収奪し、威信を損なっている不逞なる外国人がいる。そういう外国人に大きな顔をさせるな」というところに要約されるように思われます（その政治綱領が40字に要約されてしまう政治家というのもなんだかずいぶん薄っぺらですけれど）。

たぶんこの人は「尖閣諸島の領有権について、場合によっては軍事行動も辞すべきではない」とか「外国人に地方自治の参政権を与えるべきではない」とか「朝鮮学校への助成金を打ち切れ」とかいったタイプの主張にも親和的ではないかと思われます。調べたわけじゃないからわかりませんけれど、たぶん。

現代日本の用語法では、こういう人は自分のことを「愛国的」であると名乗ることが慣習化しています。

でも、僕はこのような人のことを「愛国的」であると呼ぶことには賛成できません。むしろ端的に「ゼノフォーブ」（xenophobe）「外国人嫌い」と呼ぶべきだろうと思います。

というのは、「外国人嫌い」の人は、必ずしも「同国人好き」ではないからです。ゼノフォーブの攻撃対象には「外国人に対して過度に宥和的《ゆうわてき》な同国人」も含まれます。そもそも彼らが「非国民」とか「売国奴」と呼び、攻撃対象とするのは同国人です。外国人よりも同国人に対する憎悪のほうが大きいことさえあります。いや、そのケースのほうが多いかもしれません。

自分と政治的立場を異にする同国人について、その処罰や排除を要求する心的傾向のことを「愛国心」と呼ぶのは言葉の使い方として間違っていると僕は思います。

だって、「国」が成り立つために「国民全員が同一の政治イデオロギーを共有すること」という条件は含まれないからです。

「片山さつきの政治的主張に同意する人たちで形成された集団のことを『国』と呼ぶ場合に限り愛国的な人」というような限定条件付きの「国」について、「場合に限り」までを省略して「愛国的」という言葉を使うことはできません。使ってもいいけど、そういう「ユーザー辞書」のような特殊語義で普通名詞を使っても、他人とは意思疎通できない。

「私」と同じ考え方や感じ方をするものだけが「日本人」であり、違う考え方や感じ方をするものは「非国民」であるというロジックは「愛国」的な方たちがほぼ無反省的に採用するものですが、これは原理的に無理筋です。

こんなお話があります。

昔、あるところに、自分のことが好きで好きでたまらず、ついに自分を称える「私歌」を作って、自分の紋章を染め抜いた「私旗」を立てている男がいました。

その人が道行く人を呼び止めて、「キミ、私といっしょに、『私を称える歌』を歌い、『私の旗』にお辞儀をしなさい」と命令しました。

通行人は怪訝な顔をして、「え、いやですよ」と応じました。

男は「そういうことを言うやつは『私』ではない」と恐ろしげな顔をして宣告を下しました。通行人はびっくりして走り去りました。自分が好きで好きでたまらない男は、その後ろ姿に向かって「この非私！」と罵声を浴びせました。

おしまい。

当今の「愛国者」たちはこの「愛私者」に酷似しているように僕には見えます。

彼らが好きなのは自分の国ではなく、自分自身なのです。

## 悪は局在するという仮説

「ゼノフォーブ」の採用する社会理論は「私たちの社会の不調は、私たちの社会に入り込み、国富を収奪し、国威を損じている外国人たちである。だから、彼らを組織的に排除しさえすれば、私たちの社会は原初の清浄と豊饒《ほうじょう》を回復するであろう」というものです。

この理論を徹底させた実例としてナチスドイツの反ユダヤ主義があります。その他にもスターリン時代のソ連や、毛沢東の文化大革命や、ポル・ポトの粛清も、どれも論理構造は同一です。

ナチスはすべての社会的不幸の原因を国内国外のユダヤ人による政財界、メディア、大学の支配のせいだと主張して、自国だけでなく、侵略占領したヨーロッパ諸国のユダヤ人600万人を虐殺しました。

彼らの理論が正しければ、ユダヤ人を組織的に虐殺した後、ドイツはその堕落から回復し、栄光の絶頂に達するはずでした。でも、戦況はかんばしくありません。

しかたがないので、ナチスの戦争指導部は「スターリンも、ルーズベルトも、チャーチルも、みなユダヤ人の走狗《そうく》である」という説明を採用して、さらにユダヤ人虐殺に精を出しました。

戦況はさらに悪化しました。

最後に、彼らがたどり着いた結論は（たしかに論理的にはそれ以外にありえないのですが）「ナチスの戦争指導部を支配して、敗戦に導こうといるのはユダヤ人だ」というものでした。

ナチスの宣伝相として、「諸悪の根源はユダヤ人である」というデマゴギーを（それが嘘だと知りながら）政治的宣伝に利用してきたヨーゼフ・ゲッベルス自身、最後には「自分がその捏造《ねつぞう》に加担したデマゴギー」を信じかけたほどでした。そして、彼らはベルリン陥落の直前には、「アドルフ・ヒトラーその人がユダヤ人ではないのか」という絶望的な疑念に囚われたのでした。

これが「ゼノフォーブ」が陥るジレンマです。

いくら外国人を排除しても、自分の国のシステムがさっぱり好転しない。するわけがありません。

社会システムの不調はたいていの場合は制度全体の経年的な劣化と部品の疲労が原因であって、すべての要素はすばらしく好調で健全に働いているのだが、ただ一種の「悪の要素」があって、それが入り込んでいるせいでシステム全体が機能不全に陥っている……というようなことは制度設計上ありえない。

でも、ゼノフォーブたちは「悪は局在する」という仮説を手放しません。

## 自滅の構造

この国は（自分も含めて）調子が悪いとは考えずに、局所に諸悪の根源があり、それがシステム全体を毀損していると考える。

外見的に差別化できる人たちがそのとき「外国人」に選択されます。住むところが違う、服装が違う、言葉づかいが違う、宗教が違う、食文化が違う、その他もろもろ。でも、もうひとつ大事な条件があります。

それは、いくらひどいことを言って罵倒しても暴力的に差別しても、効果的に反撃してくるリスクがないということです。

この二つの条件を満たす社会集団が「諸悪の根源」として選好されます。

これは世界中のあらゆる「ゼノフォビア」に共通して見られることです。

ほんとうに強大な外国人、ほんとうにその国を支配できるくらい強力な外国人は排外主義的な愛国者のターゲットには絶対になりません。例えば日本列島におけるアメリカ人は差別の対象になりません。

日本人とは容貌も言葉も違うし宗教も違う。そもそも日本社会のシステム不調の大半は「日本がアメリカの従属国であって主権国家ではない」という現実から派生しているわけですから、「アメリカ人こそ諸悪の根源である」という説を唱えてデモ行進したり、反基地運動をしたりする「ゼノフォーブ」がいてもいいはずなのですけれど、僕は見たことがありません。当たり前ですね。それはアメリカ人が「ひどいことを言って罵倒しても暴力的に差別しても、効果的に反撃してくるリスクがない」という条件を満たさないからです。

ですから、在日コリアンとか、在日中国人とか、在日フィリピン人とか、在日ブラジル人とかだけが「ゼノフォーブ」の対象になります。

でも、仮にそうやって「弱い外国人」を手際よく追い払ってみたとしましょう。そんなことをしてももちろん日本社会の社会システムはまったく復調しません。「外国人だから」という理由で、どんなに優秀な人でもどんなに賢明な人でも、システムの要路に立って、政策決定に関与するポジションには立てなくなる。その代わりに「不出来な日本人」がキャリアパスを順調に上昇してゆく。日本人にとっては結構なことかもしれませんが、それでシステム不調がV字回復するということは起こらない。

外国人を排除してみたけれど、さっぱり社会システムは好転しない。さて、そういう場合にゼノフォーブたちはどういうふうに推論するでしょう。

簡単ですね。

それは、日本人のくせに悪い外国人の手先になっているやつらが、「獅子身中の虫」となって、国を裏切る破壊工作をしているのだという説明を採用することです。ゼノフォーブたちは、必死になって「第五列」「敵性国民」「スパイ」を摘発することになります。

そうやって「非国民」たちもどんどん排除してゆき、ついに「非国民」たちで強制収容所は満杯になりましたが、まだ社会システムの機能不全は解消しません。解消しないどころか、どんどん悪化してゆきました（だってまともな働き手をどんどん粛清し、収容所に放り込み、頭の悪い「純正日本人」だけで社会を回しているんですから）。

こうなると、最後には、「非国民や売国奴を摘発していると称している自称『愛国者』たちの中にこそ、非国民や売国奴が入り込んでいるのではないか。『灯台下《もと》暗し』、私たち以外の自称『愛国者組織』こそが売国奴の巣窟なのだ」という自滅的な推論に導かれます。

必ずそうなります。

自分の身体の中に侵入した「病原菌」を殲滅しようと菌に侵された「患部」を切除しているうちに、手足を失い、臓器をえぐり出し、最後には「自分の首」を切り落とした人を想像してみてください。

排外主義的愛国者というのは、それに似ています。

みなさんの周りにいる「愛国者」たちのうちで、この「自滅的なルート」へはまり込む危険に十分自覚的であり、そうならないようにするために何らかのフェイルセーフを装備している人を見たことがありますか？

どこで「外国人」や「非国民」のカテゴリー拡大を止めるべきなのか、それについて理論的にでも経験的にでも、「ここまでやると、やりすぎ」というリミットを設定している

「愛国者」を見たことがありますか？

僕はありません。

ネット上で、排外主義的な言動をめぐって議論がなされるとき、反対者に向けて「在日」というレッテル貼りをする人がいます。たくさん。

その語の差別的な使用法にももちろん問題はありますけれど、それよりも、自分が攻撃している相手が同国人であると（たぶん）知りながら、議論の都合上、相手を「外国人カテゴリー」に押し込むほうが「話が早い」と信じて、外国人カテゴリーのエンドレスの拡大に勤しんでいることのほうが問題です。

「自分に反対するやつは外国人であるに違いない」という推論を自分に許した人間は、そのときに、自分以外の人間については、それが誰であれ、「外国人」だと名指して、その排除と処罰を要求する権利を自分に賦与したからです。

でも、その権利を自分に賦与するときに、その権利の正統性について、客観的な根拠に基づいた挙証をしませんでした。

だから、同じ権利を他の人たちが要求してきた場合に、それを退ける方法がない。

自分には「外国人を恣意的に認定する権利がある」とした根拠は「だって、オレこそ真正の愛国者だから」という自己申請だけだったからです。自己申請を権原にして「愛国者」になった人には、他の「愛国者」の「だって、オレこそ真正の愛国者だから」という自己申請には適法性がないことを証明できません。

そういうことです。

愛国者たちはそんなふうにして、共同体の全員がお互いを「外国人」「非国民」と等権利的に告発し合うことのできる、「夢の逆ユートピア」の建国の礎を積むことになります。

それが外国人やその走狗が共同体の中に入り込んでいるせいで「本来であれば、順調に機能したはずのシステムが不調になっている」という説明を受け入れた人間が必ず陥るピットフォールです。

## 私たちは誰を「愛する」のか

「愛国心」は必ず国民の統合に失敗します。

それは愛国心の純度を「非国民リスト」の長さに基づいて考量したからです。「許せないやつ」の数が多ければ多いほど、愛国的情熱の純度が高いというルールでゲームを始めてしまった。

それで国民的統合を果たせるはずがありません。「敵」を攻撃することを主務とする愛国心は結果的には国民を分断し、互いに対立させ、互いに憎み合わせるだけです。排外主義的愛国心は必ず国民的な統合に失敗する。愛国心は失敗します。必ず失敗する。理由はもうおわかりでしょうが、「自分と同じ考え方や感じ方」を集団の統合軸として採用したからです。最初のボタンがかけ違っているのです。

自分と同じ考え方、感じ方をする人間は原理的にはひとりしかいません（それだって失恋したり、大病したりすると「別人」のようになることが少なくありません）。だから、自分と同じ考え方、感じ方をしない人間は「敵」と認定してもよい、というルールでゲームを始めてしまうと、この世にはもう「顕在的な敵」と「潜在的な敵」の二種類しかいなくなります。

では、いったいどういう愛国心が持続可能で、統合可能なのか。それはこれまでの話をひっくり返せば出てきます。

持続可能、統合可能な愛国心の基盤となるのは、「私とは考え方も感じ方も違う人間たちとも、私は共同的に生きることができる」という「他者を受容できる能力」です。「他者を受容できる能力」というと、なんだか抽象的ですけれど、要するに、よくわからない他人のよくわからない言動についても、「まあ、そういうことって、きっとあるんでしょうね。オレには、よくわかんないけど」と、判断を保留できることです。

自分がその価値観や美意識や倫理について理解も共感もできない他人、「何を考えているのかわからない」他人であっても、その人がたまたま自分と同じ共同体のメンバーであるなら、とりあえず「おはよう」くらいの挨拶は忘れない。何か尋ねられたら、知っていることなら教えてあげる。何か頼まれたら、できる範囲のことならしてあげる。

そういう心構えが「愛国心」のもっとも強固な基盤になるマインドセットだと僕は思います。

それ以上のことは求めないほうがいい。

そのような「ゆるい」連帯の上に築かれた共同体は、必要があれば、もっと強い求心力と組織力を備えた、「純度の高い集団」を、それをベースにして作り出すことができます。

逆に、隣人を「非国民」と名指して、その処罰や排除を求めるというふるまいに及ぶことはまず起こらない。「ゆるい」連帯は、「より緊密な連帯」に向かう回路は開かれているけれど、「異物の排除」に向かう回路は閉じられている。

そういうものなんです。

「きわめて緊密な一体感に基づく連帯」を標準にして制度設計してしまうと、それがうまく作動しないときには、「異物の排除」以外の社会的行動を選択することができなくなる。だから、「ゆるい」連帯が集団の統合を達成するためのシステムとしてはいちばん合理的なものだと僕は思っています。

大きい声で「外国人を追い出せ」とか「非国民は誰だ」とか言わないほうが、結果的には国民同士は仲良くなれて、そうなれば、いろいろなフリクションや制度の不具合もなくなる。

こんなこと、当たり前のことだと思うのですが、今の日本では、そういう考え方をする人はあまりいません。少なくとも、政治的な議論をする人の中にはほとんどいません。でも、同じことを僕はこれからも何度も言い続けます。

「愛する」という行為は理解と共感の上にではなく、「理解も共感もできないもの」に対する寛容と、そのような他者に対する想像力の行使の上に基礎づけられたほうが、持続する。そういうことです。

結婚でも、会社でも、実は同じなんです。

# トラブルは「問題」ではなく「答え」である

日中関係、日韓関係など、外交問題には必ず、互いに相反する言い分があります。意見や見解の異なる相手とのタフな交渉が求められる外交の場面で、日本はどのような態度で臨むべきでしょうか。

まず個人的な意見から。って、この本では僕は全篇「個人的な意見」しか書いてないので、今さらですけど。

僕はタフなネゴシエーションというものをあまりした経験がありません。ぜんぜんない、と言って過言でないかも知れない。そういうことに時間とエネルギーを使うのが嫌なのです。

めんどくさいのキライだから。

もめるネゴシエーションというのは、「お金」の問題か、「面子《めんつ》」の問題か、その両方がかぶっているか、どれかです。

お金の問題については「もめたら、すぐに諦《あきら》める」というのが僕の基本方針です。「払ってくれよ」と言われたら、内心で「(え、これ、オレが払うの？)」と思ったときも素直に払う。

だって、「ちきしょー、あのときなんでオレが払わなくちゃいけなかったんだよ。おかしいじゃないか。あれは絶対ワリカンだろ」とか何日も考えていたら、気分は落ち着かないし、ご飯も美味しくないし、夜もよく寝られないし、労働生産性は落ちるし、結果的にその時払った分をはるかに超えるくらいのものを失ってしまう。

それが僕には「もったいない」のです。

# 不機嫌なときの判断は、だいたい間違っている

それに、これは精神科医の名越康文先生から教えていただいた名言ですけれど、「人間が不機嫌なとき、暗い気持ちのときに下した判断は、だいたい間違っている」。

お金をめぐるタフ・ネゴシエーションはほとんどの場合、当事者たちをただちに不機嫌にさせます。ということは、きわめて多くの場合、当事者たちは全員がその時点においてすでに当該論件について誤った判断を下す可能性が高い。

「おい、ちょっと待ってくれよ。オレには納得できないな。きっちり話そうぜ」というような場合には、もう「きっちり話す」条件が相当に損なわれている。

双方が「自分が正しくて、相手が間違っている」と思っているところから始めるネゴシエーションは両方が冷静なときでも調停がむずかしいものですけれど、それに加えてすでに「むっとしている」という条件が加わるんです。もう無理ですよ。そのネゴシエーションではほぼシステマティックに「間違った言葉」「言わないほうがいい言葉」だけが選択

的に口にされることになります。

そういうことです。

お金をめぐるトラブルって、ほとんどの場合、「どっちも、どっち」なんですから。ちゃんと約束しておかなかったとか、「ご存じなかったかもしれませんが、それが『業界の不文律』でして」とか、「その分のコストのほうはそちらでご負担下さるものと当方は理解していたわけですが」とか、それぞれが自分に都合の良いようにお金の問題の「解」を思い描いていた。だから、トラブルになる。

じゃあ、どうして、そういうことをあらかじめちゃんと決めておかなかったかというと、その話をその人とじっくり話したくなかったからですね。

だって、仲良しで、気心の知れた相手だったら、どんな話題でも一緒にいるだけで楽しいから、お金のまつわることだって、あれこれ細かく話すじゃないですか。「これ、こっちで持つよ」「あ、悪いね、じゃ、こっちは少し値引きするわ」みたいな。そういう話をしておけば、トラブルは起きないし、多少の行き違いがあっても、会って話せばすぐに片が付く。

つまり、「お金をめぐるトラブル」が起きたということは、その相手とお金がらみの話になった段階ですでに「未来に高い確率でトラブルが起きることを、実は無意識のうちに予測していた」ということを意味しているのですね、これが。

だったら、その段階で、将来的なトラブルを未然に防止すべく、きちんと取り決めしておけばいいじゃないか、とお考えでしょうが、それができれば苦労はありません。

そもそも、そいつが「キライ」なんですよ。なんとなく「虫が好かない」。だから、できるだけ一緒にいたくない。顔を付き合わせてあれこれ話をしたくない。

「じゃあ、アレをナニしておきますから」「はい、そういうことで」みたいな会話って、話が通じている同士で多用されるような印象がありますけれど、「はやく話を切り上げたい」相手のときにも口にされる。

そして、それは「話が通じている同士の言葉づかい」に酷似しているから（って、まったく同じなんですけど）、つい勘違いしてしまうんですね。「話を早く切り上げたい」のは、気心が知れているから言葉が不要ということじゃありません。端的に「あまり、一緒にいたくない」ということです。にべもない言い方をすれば。

そういうときも、「こっちの考えていること、あっちにはちゃんと伝わっているよね」と、とりあえず自分には言い聞かせている。

でも、人間というのはややこしいもので、心の片隅では「あいつ虫の好かないやつだから、こっちがほんとうに考えていることをわかってないかもしれない」とも思っている。いや、ほんとに。

「話は通じているはずだ」で一貫できるなら、それでいいです。

「話は通じているはずだ」と思っていたのに「通じていなかった」のなら、そう当てにしていた自分のミスなんです。勝手に自分の都合のよいように思い込んで、確認を怠ったわけですからね。

でも、そうじゃなんです。

「話は通じているはずだ」は表向きで、心の片隅では無意識のうちに「あいつ嫌なやつだから、きっと自分に都合のいいように話を取り違えて、あとになって、『え、そんな話、私聴いてないです』とか、言い出すんだろうな。ややつだから」とも考えている。

そして、人間というのは（このフレーズ今日は多いですね）、自分の人物鑑定眼が適切であることを確認することによってもたらされる快感を、話の行き違いのせいで生じる損害よりも重く見る傾向があるのです。

ほんとに。

「ほら、オレが思っていたとおり、あいつは嫌なやつだった」ということをまるで勝ち誇ったように言う。自分がその人物が「嫌なやつ」であるせいで損害を被った当事者であるという動かし難い事実があるわけですからね。

だから、堂々と言える。私の人を見る目は正しかったのだ、と。

## トラブルは自分で招き寄せている

ここで怖いことを申し上げますけれど、トラブルに巻き込まれるみなさんは、しばしば（みなさんが想像している数倍の確率で）そのトラブルを無意識のうちに「自分で招き寄せている」ということです。

「嫌なやつ」とは一緒に仕事をしないほうがいいと僕がいつも申し上げているのは、そういうことなんです。

「こいつは嫌なやつだ」という自分の判断の適切さを、その人がほんとうに自分に対して

「嫌なこと」をしかけるように仕向けることで証明しようとする。

あなたにわざと「意地悪」する人って、組織にいれば必ずいますよね。

「どうしてこんなに意地が悪いんだろう」とあなたは思う。まことに不愉快である。

でも、不思議なことに、その当の「意地悪な人」にどうしてあなたに意地悪するのか、その理由を訊いてみると、あなたが日頃から「感じの悪い態度」をその人に向けるから、それに対して「当然のリアクション」をしているのである、と言いますよ。

必ず。

「あの人は何もしていないが、なんか虫が好かないので、一方的に意地悪をしてます」という説明をする人に僕はこれまで会ったことがありません。つねに、嫌われる人は嫌われるようなことを「先に」している、という話になっている。

そして、ほんとうにそうなんです。

話を戻しますね。

お金がらみのトラブルが起きるのは、「きっとトラブルが起きるだろう」と思っているくせに、トラブルを予防するような措置を一切取らず、むしろ機会があるごとにこまめに相手を不快にするようなノンバーバルなサインを送り続けたことの「成果」なんです。

遠くから見かけると急に用事を思い出して回れ右をしたり、挨拶を「うっかり」忘れたり、そういうの。

だから、トラブルというのは「問題」じゃなくて、「答え」なんです。

今、目の前にいきなり出現した「晴天の霹靂《へきれき》」じゃなくて、それまでかなり長い時間をかけて「仕込んできた」さまざまなファクターが作り上げた、あなた自身の「作品」なんです。

怖いですね。

ですから、僕はお金のトラブルは基本的に「トラブルが生じた段階で、諦めて払うものを払ってけりをつける」ことにしています。だって、それは半ば以上は僕が「無意識的に仕込んだ」ものなんですから。自分の愚かさに対する「税金」だと思って払います。

## 面子を潰される人はあらかじめ決まっている

もうひとつ、こじれるのは「面子」の問題です。

「おい、その話、俺は聞いてないぞ。どうして、あらかじめひとこと言っておいてくれないんだ。ひとこと言えば済むことだろう。なんでそれができないんだよ。おい、俺の顔を潰してどうしてくれるんだよ（怒）」

これね。

そう、彼の言うとおりなんです。あらかじめひとこと言っておけば問題なかったんですよね。でも、あなたはその「ひとこと」を惜しんだ。

その人のオフィスの前を通ったとき、そこで立ち止まって、ドアをコンコンとノックして、「あ、こんちは。例のあの件について、一応今のところの流れだけでもお知らせしておきます」と言えば済んだことなんですよね。

でも、それをしなかった。

いやだから。

こちらがうかつに「前もって内諾をいただいておきたい」というような下手に出ると、絶対に図に乗って絡んでくるようなやつだから。だから、キライなんですよね。

ほう・れん・そうと言いますね。

報告・連絡・相談。

ビジネスマンの心得らしいですけど、こういうことを言い出す上司って、要するにそうでも言わないと「部下から報告が上がってこない、連絡がない、相談されない」やつです。

いやなやつだから。

報告すると細かいことをつついてがみがみ叱るし、連絡入れると「すぐ帰社して残業しろ」とか「いつまで道草《みちくさ》食ってんだ」とかぶつくさ言うし、相談しても何ひとつ役に立つアドバイスをしてくれないどころか、「お前がミスしても、俺は責任取らんぞ」と逃げを打つような上司だから、誰も報告も連絡も相談もしにこない。部下がこの人からのサポートが欲しい、アドバイスが欲しいとほんとうに思っていたら、ルール化しなくても、自分から来ますよ。

だって、部下が何より聴きたいのは「君の好きにやっていいよ。責任はオレが取るから」という言葉なんですから。

「好きにやっていい」と言われれば、せっかくのチャンスだから質の高い仕事をして上司の負託に応えたい。そう思えばこまめに報告するし、逐一《ちくいち》連絡入れて進捗《しんちょく》状況を知らせたくなるし、知恵も借りたくなる。

そういうものです。

「忘れずに、『ほう・れん・そう』しろよな」などとがみがみ言い立てる上司は、すでにその一事を以って「仕事のできないやつ」だと部下から思われているということです。

要するに、「面子を潰される人」というのは、「その人に会いたくない」と思われている人だということです。

もうおわかりになったと思いますが、人とトラブルが起きるのは、必然性があってのことです。それまでの「トラブル発生要因」が堆積して、ある閾値《いきち》を超えたことでトラブルが現勢化《げんせいか》した。

トラブルは、何もないところに天から降ってきたわけではありません。

ですから、「話がこじれてしまって、なかなか合意に達しない」ということになってから、「さて、これからどうしよう」と考えるのはもう手遅れなんです。トラブルについて「対症的」にどう適切に対応するかを考えるのを止めろと言っているわけじゃありません。とにかく何かしなきゃいけないんですから。でも、その時に、実はトラブルの原因は自分たちがかなり長い時間かけて仕込んだものだということを勘定に入れておかないと、解決方法を見出すことは大変に難しくなる。

そのことは覚えておきましょう。

問題が起きた時にどう適切に対処するかを考えるより、そういうことを起こさないようにするほうがいい。

そういうことです。

どうしたら面倒な人と一緒に仕事をするような目に遭わないようにできるか、それを真剣に考えるほうがはるかに費用対効果のいいトラブル解決方法なんです。

## 領土問題はなぜ解決しないのか

例えば、領土問題が解決しないのはなぜでしょう。

「領土問題が持ち上がっていますが、これをサクサクと解決するにはどうしたらよいのでしょう?」という問題の立て方をする人がいますがは、そういう人は残念ながら問題を解決するには「すでに不向き」な人です。

知性の使い方の「向き」が違うから。

領土問題はなぜ解決しないのか？

それは「感じの悪い上司と、どうしてうまく議論できないのでしょう？」という問いと同じ問いです。

あなたが相手ときちんと向き合って、報告したり、連絡したり、相談したりすることを嫌がって、その機会を先延ばしにしてきたからです。めんどくさいし、相手のことあまり好きじゃないから。その長年にわたる「問題を忌避する態度」が功を奏して、「議論ができない」という今目の前にある現実が生み出された。

領土問題については、当たり前すぎて、メディアが書かないことがあります。

それは領土問題の解決方法は二つしかないということです。

ひとつは戦争です。

戦争に勝った方は要求した領土を手に入れることができる。一番シンプルな解決方法です。でも、今どき、領有権でもめている小さな島ひとつ欲しさに他国に軍隊を差し向けるような国はありません。まして、そのトラブルの相手国が、「正義と秩序を基調とする国際平和を誠実に希求し、国権の発動たる戦争と、武力による威嚇又は武力の行使は、国際紛争を解決する手段としては、永久にこれを放棄する」と謳った憲法を持っている場合には。

その国を軍事力で恫喝した国が、その小さな島ひとつと引き換えに失うもの（国際社会からの倫理的非難、被害者の友好国からの報復、国境を隣接する他の国々の硬直化などなど）は島ひとつの価値とトレードオフできるものではありません。

だから、残された解決方法はひとつしかない。それは両方ともその結果に同じくらい不満な「五分五分の痛み分け」を受け容れるということです。

でも、このソリューションが採択されるには、厳しい条件があります。

両国の統治者が共に政権基盤が安定していて、高い国民的人気に支えられている、ということです。

２００４年に、中国とロシアの懸案の国境紛争は「五分五分の痛み分け」で平和的に解決しました。でも、これはプーチン、胡錦濤《こきんとう》という両国の指導者が「自国領土を寸土《すんど》とて譲るな」とうるさく言い立てる国内のナショナリストの抵抗を押し切れるだけのつよい指導力を有していたからできたことです。

韓国の李明博《イミョンバク》大統領は支持率20％台に低迷していましたが、竹島上陸のパフォーマンスで9ポイントを稼ぎました。それが政権末期の、次の大統領選を見越した政治的パフォーマンスであることは韓国民たちにも明らかでした。でも、それが意味するのは彼が「そんなことでもしないと、支持率が稼げないほど国民的に人気のない政治家だ」ということです。

勘違いしている人が多いようですが、外交交渉で「強く出る」のは力のない政治家のほうです。外交的譲歩ができるというのは、政権基盤が安定している統治者だけです。

72年の日中共同声明のとき、周恩来《しゅうおんらい》首相は「中日両国国民の友好のために、日本国に対する戦争賠償の請求を放棄することを宣言」し、「主権及び領土保全の相互尊重、相互不可侵、内政に対する相互不干渉、平等及び互恵並びに平和共存の諸原則」を確認しました。78年の談話で、鄧小平《とうしょうへい》副首相は尖閣について、「両国政府が交渉する際、この問題を避けるということが良いと思います。こういう問題は、一時棚上げにしてもかまわない。次の世代は、きっと我々よりは賢くなるでしょう。そのときは必ずや、お互いに皆が受け入れられる良い方法を見つけることができるでしょう」と述べました。

どちらも「どんな政治家でも言える言葉」ではありません。

領土問題や補償問題で「絶対に譲歩するな」と叫び立てる国内のナショナリストをじろ

りと睨《にら》みつけて、「まあ、私に任せておきなさい。なに、悪いようにはしないから」と言って黙らせるだけの力のある政治家にしか言えない言葉です。

ジョージ・W・ブッシュがイラク相手の戦争に踏み切った理由は（彼の知性の不調など）いくつかが考えられますが、そのかなり上位に「支持率が急落していた」ことが挙げられると僕は思います。

弱い政治家は国内の世論が不満を抱く（けれど、長期的には国益を増大させる蓋然性が高い）政策を実行できない。逆に、長期的には国益を損なうリスクがあると知りながら、自分の政治的延命のためにナショナリストに迎合して、対外的に攻撃的な構えをする。

95年に、日中関係がきわめて良好だったことを利用して（つまり、何をやっても日本政府からは激しい抗議がないだろうということを見越して）、反「日本軍国主義」キャンペーンを大々的に展開した江沢民がそうでした。

そういうものです。

どこの国でも、領土問題の炎上と鎮静は政権の安定度と相関します。

領土問題「から」話が始まるのではありません。領土問題は両国それぞれの統治がうまくいっていないことの帰結なのです。

そのことを棚に上げてこの問題を論じる人は、なみなみと水の入ったコップにさらに一しずく水滴が落ちたせいで水が溢れた時に、「この一滴こそが水が溢れた『原因』である」と言っている人によく似ています。

しずくを見て、コップを見ない人たち。

領土問題がさっぱり解決しないのは、わが国の政治家もメディア知識人も、「そんな人たち」ばかりだからなのです。

どうも、政治的なことになるとつい余計なことを書いてしまいます。もう、このくらいにしておきます。

というわけで、今回の質問への答えです。

こんな質問でした。意見の異なる相手とのタフな交渉が求められる場面で求められる態度とはどのようなものか。

「意見の合わない相手とタフな交渉をする羽目になった」ということは「問題」ではなく、「答え」です。

あなたはすでに、問いに答えているのです。その答えが気に入らないとしても、それはあなたが出した答えなのです。

# 常識の手柄

従軍慰安婦問題、憲法問題、隣国との歴史認識問題でも、立場が異なると、議論以前の「常識」が共有できないことが多々あります。異なる立場の人が話し合うためには、もっと常識を共有し、共通認識をつくるべきだと思うのですがいかがでしょうか。

最初に「常識」の定義から始めましょう。

ふつう僕は語の定義から話を始めるということは致しません。ときどき「まずキーワードを一意的に定義してから議論しようじゃないか」と言うような小賢しい人物がおりますけれど、そういう人間と議論するのは100パーセント時間の無駄なので、僕は「まず定義から」というようなことを言い出した場合にはただちにその場から逃亡することにしております。

だって、ほとんどの場合、人の意見が食い違うのは「キーワードの定義が違う」からです。

だからこそ話が嚙み合わないのでありまして、キーワードの定義の議論が「じゃ、とりあえずこういう定義でよろしいでしょうか」「あ、僕のほうはそれで異論ないです」というふうにさくさくと一意的に確定できるような場合には、人間はそもそも議論なんかしてません。

「愛とは何か」それをまず定義してから愛し合おうじゃないかと言い張る男がガールフレンドをみつけることは絶望的に困難でありましょう。

ところが、常識についてはまず定義をするところから始めたほうが話が早い。

## 非常識な人間に共通する特徴

「常識」という言葉の使い方を思い出してみましょう。

「そんなの常識だろう」

これがいちばん一般的な使い方ですね。

でも、これには簡単に反論できます。

「それのどこが常識なんだよ。おい、何年何月何日からそれが常識になったんだよ。どこからどこまでの地域で常識なんだよ。お前の言う常識は古代バビロニアでも神聖ローマ帝国でも常識だったのかよ。ウガンダでもリヒテンシュタインでも常識なのかよ。おう、言ってみろよ」

こう反問されると「ぐう」の音も出ません。

そう、常識は「とりあえずここだけの話」であって、基本的に一般性がないんです。

「そんなの常識だろ」「あ、そうですか」というやりとりが成立するところでだけ常識は常識であって、「それのどこが常識なんだよ」と反撃されたらはひとたまりもない。

でも、まさにそこにこそ「常識の手柄」が存するのです。

エビデンスを示せないけれど、なんか「こういう場合、こういう状況では、妥当性がありそうだな」と思わせるような頼りない知見のことを常識と呼ぶのであります。

この「頼りない知見」の「頼りなさ」こそ常識の最大のメリットである。僕はそう思っています。

その逆の「非常識なふるまい」というものを考えれば、常識が何であるか、だんだんわかってきます。

非常識な人間というのは、例えば人の結婚式で新郎の過去の女性遍歴を暴露するやつとか、人の葬式に赤いブレザーを着て来るやつとか、ホテルニューグランドのバーで「ホッピーと煮込み」を注文するようなやつのことです。

こういうことをする人たちの特徴は、「どうしてそういうことをするのか」と気色ばんだ人に問われると、けっこう堂々と理屈をつけて自分の行為を正当化することです。

結婚生活というのはお互いに何の秘密もないところに築かれるべきだ、とか。着衣の色彩と追悼の気分の間に相関関係はない、とか。一流のバーテンダーならクライアントのあらゆるリクエストに涼しい顔で応えられねばならぬ、とか。

非常識な人間に共通する特徴は「理屈をこねる」ということです。「常識だろ、そんなの」という人間が「どうして常識なんだよ。根拠を示せよ」と言われると、つい絶句してしまうのに対して、非常識な人間はその非常識なふるまいの正しさについてあれこれと「それらしい」根拠を探してきます。

これが常識と非常識の違いです。

## 常識が先鋭化しないのはなぜか

上に述べたように、常識というのは期間限定・地域限定です。その期間外・その地域外には適用されない。

そのことがわかっている場合においてのみ「そんなの常識」というフレーズは用いられる。

一般的真理については「常識だろう」とは言いません。「水は100度で沸騰する」というのは「常識」ではありません。それは古今東西どこでも妥当する物理法則だからです。

マルクス主義革命を企画していた人たちも「どうして革命なんかするの？」という問いに対して「そんなの常識だろ」とは答えませんでした。それは歴史を貫く鉄の法則性が物質化するものだと信じられていたからです。

非常識な人というのは実は「一般的真理」「歴史を貫く鉄の法則性」に基づいてふるまっているのです。主観的には。

だから、非常識な人は頑固です。注意されてすぐに「あ、すみません。非常識なことしちゃって」と応じて、ふるまいを修正するような人は非常識な人ではありません。ただの「よくその場のしきたりを知らなかった人」です。

非常識な人の語彙《ごい》には「常識」も「非常識」もどちらも存在しません。存在するのは「永遠の真理」と「永遠の誤謬」の二つだけです。そして、ご本人は「永遠の真理」の代理人でいるつもりですから、これはたいへんです。

非常識な人は絶対に謝りません。

謝る場合でも、全身から「これはしかたなく謝ったふりをしているだけなんだかんな。オレは全然悪いと思ってなんかいないかんな」というメッセージを間断なく発信しています。

常識が機能するのは、それが期間限定・地域限定の、一般性に欠けた暫定的な弱い真理である限りにおいてです。その有限性を熟知している人が口にする場合に限り、「そんなの常識だろ」という言明は限定的な状況で指南力を持つことができる。

そういうことです。

ですから、慰安婦問題、憲法問題、歴史認識問題などの政治的主張をする人は「常識」なんていう「弱い言葉」は使いません。「歴史的事実」ということを言います。必ず。「反論するなら第一次資料を出せ」「いいから証拠を見せろ」とか、そういう「疑似科学的」な言葉づかいをする。

彼らの論争の賭け金は「どちらがより常識的か」ではなく、「どちらが真理の代理人か」だからです。

だとすれば、これはどちらも非常識な人間、ということになります。とりあえず僕が採用している「常識・非常識」の識別基準によるならば、そうなります。

常識はそういうふうに先鋭化することがありません。

常識は真理にも、原理にもなりません。常識の名において人を死刑にするとか、常識の名において戦争を始めるとかいうことは決して起こりません。その適用範囲がかなり狭いということを自覚した知見しか「常識」とは呼ばれないからです。

## 「俺がルールブックだ」

僕自身は常識的な人間でありたいと願っています。

それは言い換えると、自分の語る命題の限定性をつねに意識する人間であるということです。いつからいつまで、どこからどこまでの範囲で僕の「常識」には妥当性があり、どのような条件の変化があれば、どのような境界線を超えたら、その妥当性を失うのか、ということについて絶えず点検する。

むかしパ・リーグに二出川延明《にでがわのぶあき》という名物アンパイアがいました。

彼はある名言によって球史にその名をとどめております。

1959年の大毎オリオンズと西鉄ライオンズの試合で、オリオンズの攻撃のとき、二塁塁審がクロスプレーについて「セーフ」の判定を下しました。ライオンズの三原脩《みはらおさむ》監督がこれに抗議しました。塁審は「走者の足が塁に触れたのと、送球を捕球したのが同時だったのでセーフ」と説明しましたが、三原監督はこの説明を受け入れません。「どこにそんなルールがあるのか」と食い下がりました。二出川球審も「同時はセーフだ」と判定を繰り返しましたが、三原は納得せず、「ルールブックを見せてくれ」と言い出しました。その三原を一喝して二出川は「俺がルールブックだ」という歴史的名言を口にしたのでした。

この「俺がルールブックだ」という言明こそ常識のある意味での典型であります。

だって、二出川さんはルールブックじゃないからです。

彼は本じゃありません。人間です。だから、「俺がルールブックだ」という言明はそれが偽であることを発言した本人を含めてその場にいた人間全員が知っていました。

二出川は三原の執拗な抗議で試合が中断し、プレイヤーのテンションが下がり、観客がいらだち始めるという「期間限定・地域限定」の状況下で「緊急避難」の必要を感じて、こう言い放ったのです。

彼の言明は「このような特殊な場合」にしか妥当しないがゆえに常識的なものでした。ですから、ゲームの本質を忘れて、執拗な抗議をしていたおのれの原理主義的こだわりのほうがこの場合は非常識なのだということを悟った三原は黙ってその言葉を受け入れたのでした。

常識はそれが汎通的妥当性を有さないときにのみ強い指南力を持つ。

今、この場においてしか妥当しないという有限性を代償に差し出すことで、常識はトラブルに「けりをつける」ことができるのです。

# 今、日本人が読むべき本七選

**ここまで多くの、そしてちょっとしつこい質問に丁寧に答えてくださり、ありがとうございました。これが最後の質問になります。今、日本人が読んでおくべき必読書を教えていただけませんか。**

「日本人の必読書」。こういうリストは性質上それほどはげしく経時変化するものではないですね。「日本人の必読書」が月替わりでじゃんじゃん変わっては困ります。だって、「日本人はいかにあるべきか」という国民像の達成は、20年、30年、場合によったら半世紀、一世紀かかるような大事業だからです。

株価が下がったので、「あるべき日本人像」もそれにつれて変わったとか、政権交代したから変わったとかいうことはありえません。ポップスのヒットチャートじゃないんですから。

だから、このリストにここ数年のベストセラーが入るということはまずないと申し上げねばなりません。こういうリストのもっとも信頼性の高い選定基準は「歴史の風雪に耐えた」ということだからです。

理想を言えば、刊行後100年という当たりを基準にしたい。100年読まれ続け、刊行されてから100年経ってもリーダブルであるというのは、たいしたものです。

でも、それだと明治45年以前の刊行物に限定されてしまいます。

夏目漱石の本なんかは読みやすいほうで、森鴎外や尾崎紅葉や幸田露伴だとかなり読むのが大変で、そのあたりからセレクトしても、若い人にはつらいかもしれません。

ということで、ハードルを少し下げて、50年にしておきます。

刊行後約50年。切りのいいところで1970年までの刊行物といたします。

僕は1950年生まれですから、1970年に20歳。つまり、僕が20歳になるまでに出た本に限定とさせていただきます。

申し訳ないけれど、それ以降に書かれたものは、どれほど洛陽の紙価を高めた書物でも、どれほど批評家に絶賛された書物でも、「歴史的風雪に耐えた」という条件をクリアできないので、リストからは省かせていただきます。

出てから半世紀近く経って、今でも読まれ続けている本。

これが「必読書」の第一の条件です。

## 「負託感」と「言及頻度」

第二の条件は、その書物が日本という国の本質に触れており、日本人の国民性格（「種族の思想」と言ってもよいかもしれません）の根幹にかかわる知見を含んでいること。

もうひとつ、第三の条件があります。それは、「それについて語りたくなる本」であるということです。

「それについて語りたくなる本」とはどういう本のことでしょう。まずこの第三の条件からお話しします。

前に高橋源一郎さんとおしゃべりしているときに、高橋さんが「僕はどんな小説でも最初の一頁を読めば、そのクオリティが判定できる」とちょっと自慢したことがありました。

そういえば、橋本治さんもそれに似たことをおっしゃっていました。橋本さんの場合は「読んでいない本でも、その本について人がしゃべっているのを聞くだけで、本の良否が判定できる」そうです。

すごいですね。

でも、たしかにそうかもしれない。

だって、わかるじゃないですか。

「この人が絶賛しているんだから、読む価値のある本なんだろう」とか「こいつがほめているなら、ろくでもない本に決まっている」とか「こいつがこれだけ必死で罵倒しているところを見ると、よほどこの人の虎の尾を踏んだんだろうな……だったら、買ってみよ」とか。

とくに、メディアを賑わす大論争ということになると、両方の著者の本がそれぞれ結構売れる（らしい）ので、編集者はけっこう論争を待望しています。

前に僕がフェミニズムのことをずいぶん手厳しく批判した本を書いたときに、編集者はちゃっかりそれを上野千鶴子さんに送っていました。彼女が一読激怒して、あちこちの書評に「こんな本を読むな」と書いてくれることを期待したのでしょう。ひどいなあ（もちろん、さいわいにもそのようなことは起こりませんでした）。

ある高名なフランス文学者が僕の悪口を延々と書き連ねたエッセイが載った雑誌は僕の本をけっこうたくさん出している出版社のものでした。たぶん編集者が彼と雑談しているときにこの文学者が「ウチダというのはまことにけしからんやつだ」とぽろっと言ったのを聞き逃さず、袖をつかんで「先生、それで一本書いてください！」とお願いしたんじゃないかと僕は疑っています。

ちょっと話が逸れましたけど、本の価値には学術論文と同じで被引用回数も深くかかわるということを申し上げたかったのでした。

「それについて一言言いたくなる」というのはやはり書物の「力」と言うべきでしょう。

で、これはどなたも同意してくださると思うのですが、「映画と芝居では、芝居のほうが言及回数が多い」「ＣＤとライブでは、ライブについてのほうが言及回数が多い」ということがあります。

お芝居を見に行ったあとに、一緒に行ったともだちとちょっと居酒屋なんかに寄って、思ったことをあでもないこうでもないと話したいということって、よくあります。それほどたいしたことのない芝居でも。

映画の場合だと、二人で見に行って、終わって、席から立ち上がりながら、ぼそっと「晩飯どうする?」と、まるで映画なんか見なかったかのように会話を始める夫婦とかいますものね。

これはやっぱり、「見ている(聴いている)人数が少ない」ということと関係しているだと思います。

つまり、「ここで私がこの作品について、今ここで、ある程度きちんとしたことを述べておかないと、その仕事をほかの誰も私に代わってしてくれないかもしれない……」と思うからですね。

こういう「負託感」と「言及頻度」の間にはあきらかに相関があると思います。

私が語らずに誰が語るのか。

僕はこういう感じ、好きですね。

インディーズのバンドのファンの子がそのバンドの音楽性がいかにすばらしいか必死で

力説しているのを横で聞いたりしていると、けっこう感動しますから。

それは批判についても当てはまります。

「誰でも言いそうな批判」を口にする人は、負託感を覚えてそうしているわけじゃない。自分が言わなくても、誰かが言うだろうと思っているんですね。たくさんの人が悪口言うはずだから、自分だけが個体識別されて「コノヤロー」と個人的に報復されたりする心配ないよなと思っている。

でも、そうやって個体識別されるリスクを回避したことの代償として、この人は個体識別される可能性そのものを自分で否定している。

「私が言わなくても、同じことを誰かが言うだろう」と宣言している。

つねづね申し上げていることですが、「自分がやらなくても、誰かがやるだろう。自分が言わなくても、誰かが言うだろう」と思ってる人は、そう思うことによって自分の存在理由の土台を掘り崩している。だって、「私がやらなくても、誰かがやる」は「私が存在してもしなくても、世の中には大きな変化は起こらない」ということだからです。

自分が「いてもいなくても、世界はあまり変わらない人間」であるという事実を認めるばかりか、それを繰り返し誓言するというのは、かなり危険なことです。

そういう人は病気になったり、無人島に漂着したりしたときに、「何が何でも生き延びるぞ」という意欲が有意に減少します。だって、いなくなっても誰も困らないんですから。その人が「言いそうなこと」は誰かが言うだろうし、その人が「しそうなこと」は誰かが代わりにやってくれるはずだからです。

「私は余人を以ていくらでも換えが効く人間である」というようなことは、自分から言うものではありません。

もし、何か言葉を発する機会があったら、できれば、「こんなことを言うのは、この広い世界で私ひとりではないか」と思えるような言葉を選択したほうがいい。

そう思っている人は、簡単には地上から消えるわけにはゆかないからです。だって、自分がそれを言わなければ、誰も代わりに言ってくれないんですから。

なんとかして、自分の言葉を誰かが届かせようとする人は、あたう限り丁寧に語る。情理を尽くして語る。

ファンが少ないバンドのファンの子の言葉がけっこう「聞かせる」のは、自分がこのことを告げ知らせなければ、自分に代わる人がいないという「負託感」に裏付けられているからです。

# 壮絶なリアリズムを表した本ばかりに

選書の話の途中でした。

もう、おわかりでしょうけれど、ですから、こういう場合の選定基準は「僕が選ばないと他の人はなかなか選びそうもない（でも、ぜひ皆さんに読んで欲しい）書物」ということになります。これが第三の条件です。以上、三つ。

１９７０年以前に刊行された書物であること。

日本文化の本質と日本人の国民性格について書かれた本であること。

僕がその本を推薦しないと、他にあまり推薦する人がいない本であること。

では、あとはランダムに書名を挙げてゆきます。

## 『断腸亭日乗』　永井荷風

荷風先生の戦前、戦中の日記です。荷風先生にとって、その頃の日本に生きていることは、腸がちぎれるほどにストレスフルな経験だったようです。

だから、先生は紅灯《こうとう》の巷《ちまた》に沈淪《ちんりん》し、江戸文化に遊んだのです。

今年の夏にソウルに行ったとき、朴《ぼく》先生という方と知り合いました。今年73歳の老学究です。先生は1970年に経済学の研究をしているときに、マルクスの経済学の本を所有していた罪で逮捕されました。その頃の韓国には「反共法」という法律があったのです。

先生は懲役15年の刑を宣告されました。そして、反共法が廃止されるまで、青春の13年半を獄中で過ごしたのです。

先生は別にマルクス主義者であったわけではなくて、ただマルクスの経済学とはどういうものか学術的な興味があっただけで、いかなる政治運動とも党派ともかかわりがありませんでした。ですから、誰からの支援もなく、たったひとりで獄中で国家権力の不条理と対峙するしかなかった。

そういう経験をされた人の「背骨の通り方」はまことに印象深いものでした。今の日本には、そういう人はもういません。

荷風先生からマジョリティのイデオロギーに対して、単独で拮抗する精神の強度をぜひ読み取って欲しいと思います。

荷風先生の風儀を今の日本に伝えるのは、鶴見俊輔さんくらいですけれど、50年ルールにひっかかるので、残念ながら割愛。

でも、ハーヴァードの学生だった鶴見さんが日米開戦のとき、アメリカに残るか、日本に帰るか選択を迫られたときに、「この戦争に日本は負ける」と思いながら、「自分のくにが負けるときはそこにいたい」という理由で交換船で帰国したというのは、単独者の精神の強度のひとつの範例だと僕は思います。

朴先生の「自分を投獄するような祖国」に対する愛に通じるものを僕は鶴見さんにも感じるのです。

自分を無実の罪で投獄するような不条理な国であることを含めて、この国と「共に生きる」という壮絶な覚悟を僕たちの国の「愛国者」たちに見ることはまことに稀なことですから。

## 『夢酔独言』 勝小吉

日本の武士たちというのがどういうエートスの持ち主であったのか、それを知るには『葉隠《はがくれ》』よりむしろこの本のほうがよいと思います。

勝小吉《こきち》は勝海舟の父親です。その自由な精神が、しっかりと地面に根付いた強靭な生活力に裏付けられていることがこれを読むとよくわかります。

この父にしてこの子あり、という惚れ惚れするような爽快な生き方が活写されていきます。

東洋文庫の『夢酔独言』には付録として、「平子龍先生遺事」という文章が採録されています。これは勝小吉が幼少の頃に師事した剣客平山行蔵《ひらやまこうぞう》の逸事を記したものです。これまた一読の甲斐のあるものです。江戸時代のほんものの剣客というのがどれほどのものだったかわかります。

小吉が平山を訪ねたとき、すでに老境にあった平山は「十八般の武芸の内見せべし」と言って、「樫の木刀の八尺五寸ばかり」を出して遣《つか》ってみせ、それから七貫三百目の「おまさかり」を片手で振り回したそうです。ふだんの差料は三尺八寸。

尺貫法だとぴんとこないと思いますが、八尺五寸というのは2メートル50センチくらいです。七貫三百目は約30キロ。三尺八寸は115センチ。ちなみに身長176センチの僕が居合で使っている刀は二尺五寸です。二尺七寸になると、ちょっと鞘から抜くのに苦労します。三尺なんて刀はつかっている人を見たことがありません。

平山の軍学の師は山田茂平という人で、この人について平山は若いときに「男は男根ある故に女色に溺れ、志を立てざりとて、男根を切られけり」という逸話を小吉に語っています。江戸時代の侍たちはクールです。

## 『氷川清話』勝海舟

父の次は息子です。父親譲りの気合いと、畳み掛けるようなべらんめえの江戸弁のグルーブ感に読んでいて、わくわくします。西郷隆盛や坂本龍馬についての人物評は傾聴に値します。でも、どこまで本当の話で、どこから勝一流の韜晦《とうかい》なのか、注意して読まないといけません。

## 『痩我慢の説』福沢諭吉

福沢諭吉も江戸弁のすばらしい話者です。『福翁自伝』と併せて、ぜひこれも。旧幕臣でありながら、新政府に出仕して貴紳に列せられた勝海舟と榎本武揚《えのもとたけあき》に対する痛烈な批判の一文。

ここでも「立国は私なり、公に非ざるなり」という豪快な断定から話は始まります。国民国家なんていうのは幻想だぜ、と福沢はきっぱり言い切ります。愛国心なんていうのは私情に過ぎない。でも、その幻想に確信犯的に殉じる責任が「本当の武士」にはなければいけない。「痩せ我慢」をしなければいけない人間が一定数必要だ。そういう無茶をする人間がいないと、国民国家というようなやわな幻想は持たない。

福沢が勝や榎本を批判するのは、彼らが例外的な「ほんものの武士」だからです。そういう人に無茶をしてもらわないと困るんだ。賢く立ち回られては困るんだよ。あんたたちみたいなスケールの人間はバカを承知でバカを演じるだけの度量があるんだから。あんたたちは「徳川家の旧恩《きゅうおん》に殉じるという大芝居をやるべきだったんだよ」と。

福沢はそう言います。

これは勝と榎本に宛てた「私信」です。これを一読した勝海舟は「行蔵は我に存す。毀誉は他人の主張」とにこやかに突っぱねます。私の気持ちは私にしかわからない。他人は好きに私を批判して結構である。

「ほんもの」同士の意地の張り合いが堪能できる名勝負です。

## 『兆民先生』幸徳秋水

幸徳秋水《こうとくしゅうすい》は中江兆民の学僕として仕えた人です。

その弟子が師の没後にその行状を録した、涙なしには読めない名文。

兆民は土佐の人で、坂本龍馬に海援隊で親炙《しんしゃ》した経験を持っています。兆民の語る龍馬の相貌はとてもチャーミングです。

勝海舟、坂本龍馬、中江兆民、幸徳秋水という「反骨の系譜」は秋水が大逆事件に連座して刑死したことで途切れます。この系譜がそのまま継続していれば、近代日本の政治文化はもっと成熟した良質なものになった可能性もあったのだということを、僕はときどき想像します。そして、とても悲しい気持ちになります。

## 『父・こんなこと』幸田文

幸田露伴が娘に「掃除の仕方」を教えるところが圧巻です。

「大事より些事が大事」というのは関川夏央さんの名言ですが、まさにその通り。お掃除とアイロンかけと炊事は生活の基本です。

幸田文が父から受け継いだ「武士の生活文化」はそのあと村上春樹の生活哲学にアバターとして転生することになるのです。ほんとに。

## 『戦艦大和ノ最期』吉田満

戦争で多くの若者たちが死にました。戦後の平和と繁栄はある意味では彼らから「遺贈」されたものです。

彼らがどんな気持ちで死んだのか。僕にはよくわかりません。でも、時にはその聴こえない声に黙って耳を澄ますことは死者に対する礼儀だと思います。

「黙って」というところが大事なんです。

大和に乗って沖縄に向かい、撃沈されて九死に一生を得た青年士官が、戦後わずかな時間で一気に書いたこの漢文調の抑制の効いた文章には、死にゆく若者たちの最後の言葉が忠実に記録されています。

何年かに一度は開いて読むべき本だと思います。


これくらいで十分でしょう。

僕が選んだ「日本人が読むべき本」はかなりバイアスのかかった選書でしたけれど、どうも「武士的エートス」についてのものばかり選んだようです。

「武士的エートス」って、何でしょう。

たぶん、「信じるに値するもの」はそれを身銭を切って信じてみせる個人の誓言と信託によってはじめて「信じるに値するもの」になる、という壮絶なリアリズムのことなんでしょうね。
そういうことをあまり言う人がいないようなので、こんな本を選んでみました。
わかりにくい話で、ごめんなさい。

# あとがき

みなさん、最後までお読みいただきましてありがとうございます。

読まれた感想はどうでしたか。ちょっとこれまでの本とは手触りが違うなと思われたのではないでしょうか。僕はゲラを読んでそう思いました。ひとつは「話がどこに転がるのか予測できない」ということ。書いた本人がそんなことを言うのは変なんですけれど、ほんとにそうなんです。

これを書いている頃はすごく忙しくて、そのあいまに「夜間飛行」の井之上君から定期的に人生相談の質問が送られてくる。

「あ、人生相談の締め切りか。早いなあ。この間書いたばかりなのに」とちょっと慌てて、メールで質問を読んで、だいたいその場でさらさらっと返答を書いて、そのまま送り返すという書き方をしておりました。書いた後も読み返さないし、ネット上で公開されたときも読みませんでした。ですから、今回ゲラを読んで、ほとんどについては書いたことを忘れていました。

受信即返信というタイトな執筆日程で書いていたので、いつもならやる「塩抜き」とか「推敲」とかいうプロセスをすっ飛ばしています。でも、それは「書いたことを覚えていなかった」理由のひとつに過ぎません。もうひとつの理由があります。それは「いくら長く書いてもいい」という条件だったからです。

なにしろメールマガジンでの連載ですから、字数は原理的に無限です。だから、「関係なさそうな話」にいくらでも迂回できます。あとで回収するのがたいへんだけれど、伏線も張り放題です。なんとなく「こういう方向に話を飛ばしてもたぶん戻ってこられるだろう」という直感がすれば、どんどん書き進みました。

そういう書き方は、字数指定の紙媒体原稿では許されません。ある程度は全体の見通しを立てて書き進まないといけない。でも、この人生相談はそうではありません。全体のロードマップを持たないままにどんどん書き出しても構わない。なんとかなるだろうで書き始めました。

本書中に何度か「これは長い話になる」という告知がありますけれど、あれはこれから語るはずの話の「長さ」について見通しがあって書いているのではありません。全然見通しが立たないのでそう書いているのです。その段階では、自分がこれからどんな話をするつもりなのか、書いている本人にもわからない。わかっているのは、今ふっと思いついた「次の話題」を転がしていけば、いずれ結論らしきものには到達するだろうということだけです。ルートがわからないだけで目的地に着くことはわかっているんです。

井之上君の質問を一読した瞬間にもう「あのですね、それは……」と答えはもう出始めているんです。でも、それを全文出力するためには時間をかけてそれなりの手順を踏まなければならない。答えは質問を読んだ瞬間にもう出ているのだけれど、その答えが何であるのかは答えを全部書き終わるまではわからない。

そういうものなんです。

そういうことが起きるのは、たぶん質問にリアリティがあったからです。

あらためて紹介しますが、この人生相談の質問者は「夜間飛行」というメールマガジンを主宰している井之上達矢君という青年です。出版社を辞めてメールマガジンを始めるというときに僕に相談に来たことがあって（彼は僕の担当編集者だったのです）、そのとき「独立して起業することには賛成だけれど、メールマガジンというビジネスモデルはなんか『違う気』がする」というふうにお答えしたのを覚えています。どこがどう「違う」のかうまくそのときは言えなかったのですが、ネット上にあがったテクストを読むことに課金するという仕組みがどうしても腑に落ちなかったのです。いいじゃないか、ネット上では無料で読んでもらって、それをまとめて紙の本を出して、それでなんとか採算が取れれば、というようなことを言ったかに記憶しています。でも、井之上君は「紙の本はいずれ出したいと思っていますけれど、僕はメールマガジンの書き手に無名の人たちを登用したいんです。でも、紙の本が出るまでは無収入という状態に若い書き手を放置していては、彼らが気の毒で……」というのです。無名の書き手であっても、ネットに寄稿するだけでできたら生計が立てられるシステムを作りたい。そのためにはメールマガジンしか思いつかないんです、と。

「若い書き手への惻隠《そくいん》の情」という説明に僕もちょっとほろっとして、「だったらやりたまえ」と背中を押したということがありました。もう何年か前のことです。

そのときにメールマガジン上で井之上君の個人的な相談事に答えるという企画を提案されました。若い人が冒険的な起業をするという場合はできるだけ応援するのは年長者の責務だと思っているので、即答で引き受けました。

実際に井之上君が僕に訊いてきたのは日々の実務や家族との関係の中で彼自身が切実に答を求めている問いばかりでした。労働とは何か？　貨幣とは何か？　会社とは何か？　贈り物とは何か？……そういう原理的な問いを突きつけられ、そのたびに僕はずいぶん真剣にその問いに答えました。

僕は他の媒体でやっている人生相談では（教化的善意に基づいて）かなり「非人情」な回答を処方することもあるのですが、この本に収録された問答での僕はかなり親身です。問題をずらして答えをごまかしたり、煙に巻いたりというようなことは一切しておりません。井之上君の投げ込む直球に対して、センター観客席めがけてバットをぶんと一閃《いっせん》。ファウルもバントもなしです。わかりにくい理路を通すためには喩え話を思いつく限り繰り出し、情理を尽くして書いている。ですから、本書は僕がこれまで書いたものの中では「もっとも読者に対して親身になっている書きもの」だと思います。

そんな質問と回答が何年分かたまって、いよいよ井之上君の会社が紙の本を出すことになりました。自分で「紙の本を出しなさい」とアドバイスした手前もありまして、これはお引き受けするしかありません。ということでどさっと送ってこられたゲラを読み、こうやって「まえがき」と「あとがき」を書いております。ふつう僕はゲラを原型をとどめぬまでに加筆するのですが、今回は初出のかたちをできるだけそのまま残して、冗長な箇所を刈り込み、言葉の足りないところを補い、読みにくい漢字にルビを振るくらいだけにしておきました。

連載したものの単行本化ですから、取り上げられているトピックの中にはいささか時季外れのものもあります。でも、問いの本質はうつろいゆく出来事のレベルではなく、もっと深い、変化することの少ない人類学的な層に属する出来事にかかわっていますから、あまり気にしないでください。

この人生相談のおかげで質問者の人生が少しは生きやすくなったのかどうか、僕にはわかりませんが、たまった原稿をまとめて「本にしましょう」と質問者自身が申し出てくれたところをみると、それなりに有用だったということなのでしょう。お読みいただいたみなさんも同じ感想を持ってくださっているとよいのですが。

2015年8月

内田樹

内田樹 うちだ たつる
1950年東京生まれ。東京大学文学部仏文科卒業。東京都立大学博士課程中退。神戸女学院大学文学部総合文化学科を2011年3月に退官、同大学名誉教授。専門はフランス現代思想、武道論、教育論、映画論など。著書に、『街場の現代思想』『街場のアメリカ論』『私家版・ユダヤ文化論』（第六回小林秀雄賞受賞）『日本辺境論』『街場の教育論』『増補版 街場の中国論』『街場の文体論』『街場の文体論』『街場の戦争論』など多数ある。第三回伊丹十三賞受賞。現在、神戸市で武道と哲学のための学塾「凱風館」を主宰。

# 困難《こんなん》な成熟《せいじゅく》

2015年9月11日　第1刷発行

著　者　内田樹
発行者　井之上達矢
発行所　株式会社夜間飛行
〒151-0051 東京都渋谷区千駄ヶ谷3-13-22-606
電話　03-6434-7945（編集）
0297-85-5381（販売）
印刷所　中央精版印刷株式会社

定価はカバーに表示してあります。
落丁本・乱丁本はお手数ですが、
小社販売部（電話0297-85-5381、shop@yakan-hiko.com）へ
ご連絡ください。送料小社負担にてお取り替えいたします。


Published by YAKAN-HIKO, INC.
Printed in Japan ISBN978-4-906790-20-3　C0095

JASRAC　出1509303-501